L'informatica per lavorare in sicurezza

INCIDENT RESPONSE &
DIGITAL FORENSICS

Vincenzo G. Calabrò

INCIDENT RESPONSE &
DIGITAL FORENSICS

Autore: Vincenzo G. Calabrò

2015 © Lulu Editore

ISBN 978-1-326-09941-1

Gennaio 2015 Prima edizione

Distribuito e stampato da:

Lulu Press, Inc.

3101 Hillsborough Street

Raleigh, NC 27607

USA

Introduzione

L'obiettivo di questo lavoro é quello di fornire una metodologia operativa, esposta sotto forma di modello organizzativo strutturato per casi, che le aziende possono utilizzare per definire le azioni immediate di risposta da intraprendere al verificarsi di un evento informatico di sicurezza, che potrebbe trasformarsi, come vedremo, in incidente informatico di sicurezza. La strutturazione di questo modello si basa principalmente su due standard prodotti dall'ISO/IEC ed appartenenti alla famiglia 27000, che delinea il sistema di gestione della sicurezza delle informazioni in azienda e che ha come scopo principale la protezione di riservatezza, integritá e disponibilitá dei dati in azienda.

Il contenuto di tali standard non puó peró prescindere dagli ordinamenti giuridici di ogni paese in cui vengono applicati, motivo per cui all'interno del lavoro sono stati integrati i riferimenti alle normative di rilevante interesse, soprattutto quelle collegate alla privacy e ai casi presi in esame all'interno del modello sviluppato.

In prima battuta vengono quindi introdotti gli standard di riferimento, illustrati all'interno del Capitolo 1, proseguendo poi con la descrizione di concetti fondamentali per la strutturazione del modello organizzativo, come sicurezza informatica, incident response e informatica forense, che vengono esposti nel Capitolo 2.

Nel Capitolo 3 vengono invece descritti gli aspetti normativi in merito alla privacy dei dati aziendali, dettagliando anche le motivazioni che portano alla creazione del modello organizzativo obiettivo di questo lavoro.

Nel Capitolo 4 viene illustrato il modello organizzativo proposto, che presenta una struttra per casi e contiene una analisi dei casi piú rilevanti dal punto di vista del business aziendale.

Indice

Capitolo 1

Gli standard di riferimento

La serie di standard 27000 é stata sviluppata dall'ISO/IEC[1] ed é nata con l'obiettivo di fornire delle linee guida internazionalmente riconosciute ed applicabili nell'ambito della gestione della sicurezza informatica, dei rischi associati e dei controlli da intraprendere nell'ambito di un sistema di gestione della sicurezza informatica o ISMS[2]. Tale serie é applicabile ad un ampio spettro di problematiche collegate al mondo della sicurezza informatica. Essa non si occupa infatti soltanto di privacy, rischi o problemi di natura tecnica ed inoltre é stata pensata per poter essere adottata da organizzazioni di qualunque tipo e dimensione, che abbiano la necessitá di gestire le problematiche piú comuni associate all'adozione di sistemi informatici per lo svolgimento del lavoro dei propri dipendenti.

Tutte le aziende sono incoraggiate ad usufruire di tali standard per poter valutare in particolar modo i rischi e poter prendere adeguate contromisure per la mitigazione degli stessi.

Nell'ambito del presente lavoro verranno utilizzati in particolare gli standard

---

[1]ISO - Organizzazione Internazionale per la Standardizzazione e IEC - Commissione Elettrotecnica Internazionale, formano un sistema specializzato per la standardizzazione mondiale. Nell'ambito dell'Information Technology ISO e IEC hanno formato un comitato tecnico congiunto, denominato ISO/IEC Joint Technical Committee 1.

[2]ISMS - Information Security Management System, consiste in un insieme di politiche di gestione della sicurezza informatica e dei rischi associati al mondo IT.

27035 e 27037 al fine di proporre una metodologia di analisi dei rischi e loro
gestione, includendo modalitá di documentazione degli eventi e di trattamento dei possibili reperti informatici, al fine di poter migliorare costantemente i
sistemi di sicurezza in azienda, prevedendo delle modalitá di reazione efficaci
nel caso in cui le misure di sicurezza falliscano, garantendo contemporanea-
mente la disponibilitá di fonti di prova da poter utilizzare in sede processuale
(ove necessario).

1.1   Lo standard ISO/IEC 27035:2011

Lo standard 27035 [1] dal titolo "Information security incident management", di cui é stata pubblicata la prima edizione (tuttora valida) nel 2011,
fornisce delle linee guida per l'implementazione di procedure e controlli al fine
di creare un approccio strutturato per la gestione degli incidenti informatici
(per la cui definizione si rimanda alla sezione 2.2). Tale standard ha come
obiettivo la minimizzazione degli impatti negativi che un incidente informatico puó avere sul business aziendale, attraverso il contenimento dell'incidente,
la rimozione della causa scatenante, l'analisi delle conseguenze e il successivo
controllo di non occorrenza.
Per poter garantire il raggiungimento degli obiettivi appena descritti il processo di gestione degli incidenti viene suddiviso in cinque fasi, ciascuna contenente determinate attivitá, incluse in un ciclo che dall'ultima ritorna poi
alla prima:

1. *Pianificazione e preparazione*:

   (a) politiche di gestione degli incidenti di sicurezza;

   (b) politiche di gestione della sicurezza e dei rischi;

   (c) sistema di gestione degli incidenti di sicurezza;

(d) formazione dell'ISIRT[3];

(e) supporto (tecnico e di altro tipo);

(f) formazione sulla consapevolezza nella gestione degli incidenti di sicurezza;

(g) test del sistema di gestione degli incidenti di sicurezza.

2. *Scoperta e notifica*:
scoperta di un incidente e notifica alle appropriate funzioni aziendali.

3. *Valutazione e decisione*:
valutazione dell'evento e decisione di classificarlo come evento di sicurezza o meno.

4. *Risposta*:

   (a) risposte agli incidenti di sicurezza informatica, ivi incluse operazioni di analisi forense;

   (b) riprendersi da un incidente di sicurezza informatica.

5. *Lezioni apprese*:

   (a) analisi forensi piú approfondite (se necessario);

   (b) identificazione della lezione appresa;

   (c) identificazione e attuazione dei miglioramenti al sistema di sicurezza;

   (d) identificazione e attuazione dei miglioramenti alle valutazioni dei rischi di sicurezza;

---

[3]ISIRT - *Information Security Incident Response Team* (*Squadra di risposta agli incidenti di sicurezza informatica*). Lo scopo della formazione di questo team é di fornire all'organizzazione le capacitá adatte per analizzare gli incidenti informatici, rispondere nei casi di occorrenza e fornire il giusto grado di supporto, coordinamento e assistenza al verificarsi di tali situazioni. Per maggiori dettagli sul team ISIRT, non oggetto di questo lavoro si rimanda a [1].

(e) identificazione e attuazione dei miglioramenti al sistema di gestione degli incidenti di sicurezza.

Un sottoinsieme di queste fasi e delle relative sottofasi, descritte in questa sede solo ad alto livello, verrá utilizzato per la definizione del modello, esposto nel Capitolo 4, che includerá:

1. Pianificazione e preparazione:
   gestione dei rischi.

2. Scoperta e notifica:
   notifica dell'evento (documentazione del fenomeno osservato).

3. Valutazione e decisione:
   valutazione dell'evento e sua classificazione.

4. Risposta:
   modalitá di trattamento del reperto informatico, utili a documentare il fenomeno.

1.2 Lo standard ISO/IEC 27037:2012

Lo standard 27037 [2] dal titolo "Guidelines for identification, collection, acquisition, and preservation of digital evidence", di cui é stata pubblicata la prima edizione (tuttora valida) nel 2012, fornisce delle linee guida relative alla gestione delle potenziali prove digitali, concentrandosi in particolar modo sulle fasi di identificazione, raccolta, acquisizione e preservazione. Per ogni fase vengono indicate le best practices riconosciute per permettere che la potenziale prova possa essere utilizzata efficacemente in sede processuale, tenendo conto delle possibili (e piú comuni) situazioni che l'investigatore puó trovarsi a dover affrontare, come ad esempio:

- attivitá di base e aggiuntive relative a **raccolta** di sistemi digitali che vengono trovati **accesi**;

- attivitá di base e aggiuntive relative ad **acquisizione** di sistemi digitali che vengono trovati **accesi**;

- attivitá di base e aggiuntive relative a **raccolta** di sistemi digitali che vengono trovati **spenti**;

- attivitá di base e aggiuntive relative ad **acquisizione** di sistemi digitali che vengono trovati **spenti**;

- attivitá di **raccolta** o **acquisizione** di sistemi collegati **in rete**.

Queste best practices saranno incluse nel modello organizzativo esposto all'interno del Capitolo 4, mentre all'interno della sezione 2.3 vengono dettagliati i principi generali a cui attenersi e le fasi di gestione della prova digitale descritte all'interno di tale standard.

Vengono inoltre definite tre figure chiave, che si occupano e sono responsabili degli aspetti di gestione della prova digitale menzionati sopra:

1. il *DEFR* o *Digital Evidence First Responder* é un soggetto autorizzato, formato e qualificato ad agire per primo sulla scena di un incidente per eseguire attivitá di raccolta ed acquisizione delle prove avendone inoltre la responsabilitá di corretta gestione;

2. il *DES* o *Digital Evidence Specialist* é un soggetto che ha le capacitá di eseguire le stesse attivitá eseguite da un *DEFR* ed in piú possiede conoscenze specialistiche ed é in grado di gestire una moltitudine di problematiche tecniche, ad esempio é in grado di portare a termine attivitá quali acquisizione di rete, di memoria RAM ed ha ampia conoscenza di sistemi operativi e/o Mainframe;

3. l'*Incident Response Specialist*, che normalmente é una figura professionale interna all'azienda che si occupa del primo intervento post incidente informatico. Questa figura coincide spesso, in contesto aziendale, con l'amministratore dei sistemi informativi. La sua principale attivitá consiste nel mantenere operativi i sistemi informativi, per cui spesso,

dopo il verificarsi di un incidente informatico, la sua attivitá va contro quella di un DEFR o DES poiché il ripristino dell'operativitá dei
sistemi puó portare facilmente alla perdita di potenziali prove.

Sia DEFR che DES hanno il compito di portare a termine il lavoro nel
miglior modo possibile, utilizzando al meglio le linee guida fornite dallo standard, che vanno comunque integrate con le normative in vigore all'interno
dello Stato in cui essi operano, dato che gli standard di questa serie hanno
carattere generale e quindi non sono legati ad uno specifico ordinamento giuridico.

Nel successivo Capitolo verranno introdotti alcuni concetti di sicurezza informatica, risposta agli incidenti e principi di gestione della prova digitale.
All'interno del Capitolo 3, invece, verranno riassunti i requisiti normativi
dell'ordinamento giuridico italiano in relazione alle norme di privacy e trattamento dei dati personali, che sono applicabili a qualunque persona fisica o
giuridica che effettui operazioni di trattamento di dati.

Capitolo 2

Sicurezza informatica, incident response e informatica forense

Per sicurezza informatica si definisce una branca dell'informatica che ha l'obiettivo di analizzare vulnerabilitá, rischi e minacce al fine di poter efficacemente garantire la protezione di un sistema informatico, ivi inclusi i dati memorizzati al suo interno o scambiati tra due o piú sistemi. Nell'ambito del presente lavoro gli aspetti di sicurezza informatica su cui si pone l'attenzione riguardano proprio la protezione dei sistemi.

2.1 La sicurezza informatica come strumento di prevenzione

L'aspetto di prevenzione é perseguibile se in ambito aziendale (quello di specifico interesse per questo lavoro) vengono attuate delle misure tecnico-organizzative che permettano di assicurare il rispetto degli elementi portanti del concetto di sicurezza. Questi sono:

- segretezza (confidenzialitá): l'informazione (e/o il sistema) deve essere accessibile solo agli utenti autorizzati.
  Vi sono due diritti strettamente collegati al concetto di segretezza: la

privatezza, intesa come il diritto dell'individuo a rilasciare o meno le informazioni che lo riguardano e l'anonimato, inteso come il diritto dell'individuo a rilasciare o meno la propria identitá. Entrambe i diritti vanno presi in seria considerazione durante operazioni di trattamento di dati personali, dato che vi sono casi in cui é espressamente necessario il consenso dell'interessato ed altri in cui questo non é dovuto.

Tratteremo piú in dettaglio i riferimenti normativi in merito al consenso al trattamento dei dati all'interno delle sezioni 3.1.1 e 3.1.2;

- autenticazione: gli utenti che hanno accesso ai dati (e/o al sistema) devono essere chi effettivamente dichiarano di essere;

- integritá : i dati non devono essere alterati da utenti non autorizzati a compiere operazioni su di essi;

- disponibilitá: gli utenti devono sempre poter usufruire di tutti e soli i servizi a cui sono autorizzati ad accedere, nelle modalitá previste dal sistema (che deve essere operante e funzionale in ogni momento).

Basandosi sugli elementi portanti di sicurezza é possibile introdurre anche i concetti (fondamentali ad esempio nella realtá industriale) di:

- *livelli di segretezza*, il cui scopo é quello di classificare i dati e le informazioni in base a crescenti livelli di importanza come ad esempio *Non classified, Business use only, Confidential* e consentire l'accesso alle informazioni sulla base del livello di accesso associato a ciascun soggetto;

- *controllo*, inteso come la possibilitá di verificare che il sistema funzioni come previsto, cosí da poter intervenire rapidamente nell'eventualitá in cui si verifichino dei guasti;

- *controllo di accesso*, ovvero garantire che gli utenti abbiano accesso a tutte e sole le risorse e i servizi per i quali hanno l'autorizzazione all'accesso.

Per poter ottenere un efficace controllo di accesso alle risorse é necessario che esistano:

⬦ sistemi di autenticazione degli utenti alle risorse o ai servizi;

⬦ politiche di sicurezza, cioé regole di alto livello descriventi gli accessi autorizzati al sistema.
  Una politica di sicurezza potrebbe ad esempio contenere: **utenti**, **ruoli** associati agli utenti, **operazioni** associate ai ruoli, **modalitá** associate alle operazioni;

⬦ meccanismi di basso livello (hardware/software) che implementino tali politiche di sicurezza.

Una azienda, che implementi delle efficaci misure di sicurezza (sia per l'accesso ai sistemi che ai locali), che effettui controllo su tali sistemi, che implementi delle misure tecnico-organizzative atte a sostenere correttamente i concetti portanti della sicurezza elencati precedentemente, riuscirá senz'altro a facilitare le operazioni di "incident response" non appena dovesse verificarsi un incidente informatico di sicurezza.

2.2   La risposta agli incidenti informatici: incident response

Nel momento in cui uno degli elementi di sicurezza previsti e in uso all'interno dell'azienda viene aggirato, ad esempio nel caso in cui un utente riesca ad avere accesso ad un sistema a cui non é autorizzato ad accedere, accade ció che viene definito *incidente informatico di sicurezza*: "un singolo od una serie di eventi di sicurezza informatica inaspettati o non voluti, che hanno significativa probabilitá di compromettere le attivitá aziendali e minacciare la sicurezza delle informazioni" [8].

L'evento di sicurezza informatica appena menzionato viene definito come "l'identificata occorrenza di uno stato di sistema, di servizio o di rete che indica una possibile violazione della sicurezza delle informazioni, delle policy o il fallimento dei controlli previsti, o di una situazione precedentemente sconosciuta che potrebbe essere rilevante ai fini della sicurezza" [9].

L'azienda, al verificarsi di eventi di sicurezza, deve essere in grado di verificare rapidamente se tale evento vada considerato un incidente informatico o meno ed eventualmente mettere in atto una serie di metodiche al fine di poter reagire efficacemente alla minaccia rilevata, attraverso le cosiddette attivitá di incident response.

Tali attivitá hanno l'obiettivo di garantire la tempestiva identificazione dell'evento, la sua eventuale classificazione in "incidente informatico", le conseguenti operazioni da svolgere tempestivamente nel momento in cui l'evento viene segnalato e le successive attivitá di investigazione atte a reperire possibili fonti di prova.

Lo scopo del presente lavoro é quello di individuare una metodologia strutturata per le operazioni di incident response in azienda, sulla base di standard internazionalmente riconosciuti. Tale metodologia verrá presentata sotto forma di modello organizzativo strutturato per casi, analizzando i tipi di eventi informatici di sicurezza con maggior impatto sulle attivitá di business dell'azienda.

Nelle successive sezioni e nel Capitolo 3 vengono esposti tutti gli aspetti relativi a gestione delle prove, privacy e gestione dei rischi, utili alla strutturazione del modello organizzativo che viene esposto nel Capitolo 4.

2.3   Aspetti di informatica forense e gestione della prova informatica

L'informatica forense puó essere definita come "la disciplina che si occupa della preservazione, dell'identificazione, dello studio, delle informazioni contenute nei computer, o nei sistemi informativi in generale, al fine di evidenziare l'esistenza di prove utili allo svolgimento dell'attivitá investigativa" [3].

Data la volatilitá e la facile alterabilitá dei dati potenzialmente utilizzabili come prova, é sorta la necessitá di costruire una metodologia che assicuri l'integritá e l'autenticitá dei dati raccolti, al fine di minimizzare il rischio di inutilizzabilitá degli stessi come prova in sede processuale. Nel 2012 viene cosí rilasciato dall'ISO/IEC lo standard 27037, che ha come obiettivo quello di definire delle linee guida a livello internazionale per specifiche attivitá di trattamento della prova, che per poter essere applicate devono comunque essere adattate in accordo ai requisiti legali della giurisdizione in cui si vuole applicare tale standard.

In particolare il suddetto standard definisce innanzi tutto quali sono i principi generali, gli aspetti chiave e le fasi di gestione a cui é soggetta una potenziale prova da ricercare all'interno di un sistema informativo, dettagliando successivamente le cosiddette best practices per il trattamento di tali sistemi al fine di ottenere prove efficacemente utilizzabili in sede processuale.

2.4   Principi per una corretta gestione della prova informatica

Per poter gestire correttamente la potenziale prova digitale bisogna seguire tre principi generali universalmente accettati:

- *pertinenza*: deve essere possibile dimostrare che il materiale acquisito sia rilevante ai fini dell'investigazione;

- *affidabilitá*: tutti i procedimenti utilizzati nella gestione della potenziale prova devono essere documentati e ripetibili (se possibile). Deve essere quindi riproducibile il risultato ottenuto applicando tali procedimenti;

- *sufficienza*: Il DEFR deve raccogliere sufficiente materiale per consentire un corretto svolgimento dell'investigazione. Deve quindi decidere la quantitá di materiale da raccogliere ed il procedimento per effettuare la raccolta (es. duplicazione, sequestro) e deve essere in grado di giustificare le sue scelte, se richiesto.

Oltre ai principi appena elencati, vi sono quattro aspetti chiave da tenere sempre in considerazione per la corretta gestione della prova informatica. Questi sono:

1. *verificabilitá*: La valutazione delle attivitá effettuate da un DEFR e/o DES dovrebbe essere sempre possibile per una terza parte interessata ed autorizzata. Ció viene reso possibile tramite una corretta ed accurata documentazione di tutte le attivitá effettuate, cosí che un terzo sia in grado di valutare opportunamente il metodo scientifico, le tecniche utilizzate e le procedure seguite;

2. *ripetibilitá*: Dovrebbe essere possibile produrre gli stessi risultati utilizzando lo stesso metodo e i medesimi strumenti nelle stesse condizioni. Inoltre bisogna poter mettere chiunque nelle condizioni di poter ripetere lo stesso test in qualunque momento una volta effettuato il test originale;

3. *riproducibilitá*: Dovrebbe essere sempre possibile produrre gli stessi risultati utilizzando lo stesso metodo e differenti strumenti sotto condizioni differenti. Inoltre bisogna poter mettere chiunque nelle condizioni di poter riprodurre lo stesso risultato in qualunque momento successivamente al test originale;

4. *giustificabilitá*: Bisogna essere in grado di giustificare tutte le azioni e i metodi utilizzati nella gestione della prova informatica, dimostrando che la scelta fatta fosse la migliore possibile per ottenere tutte le potenziali prove.

2.5   Processo di gestione della prova digitale

Lo standard 27037 definisce delle linee guida per alcune fasi del processo di gestione della prova digitale, ad esclusione ad esempio della fase di analisi,

della redazione di report e della presentazione e, inoltre, presuppone che i
dati da cui estrapolare le prove si trovino giá in formato digitale.
Le quattro fasi di cui si occupa sono:

1. *identificazione*: La prova informatica puó presentarsi in due diverse for-
   me: fisica e logica. Il processo di identificazione della prova che riguarda
   ricerca, riconoscimento e documentazione della potenziale prova, deve
   permettere quindi di identificare correttamente sia dispositivi di elaborazione che di memorizzazione e i possibili dati volatili presenti al loro
   interno, in modo da poter prioritizzare efficacemente le fasi successive
   del processo di gestione a seconda dei rischi associati al tipo di dato
   e/o supporto.

   Una volta completata questa fase, il DEFR/DES deve decidere se
   procedere con l'operazione di raccolta o con quella di acquisizione;

2. *raccolta*: Questa fase consiste nella rimozione dei dispositivi precedentemente identificati dalla loro locazione originaria, al fine di trasferirli
   in laboratorio (o ambiente controllato equivalente) per effettuare le operazioni di acquisizione ed analisi. In questa fase bisogna quindi porre
   particolare attenzione allo stato del dispositivo (acceso/spento), a seconda del quale é necessario utilizzare differenti approcci e/o strumenti.
   La persona incaricata di svolgere la fase di raccolta deve scegliere il miglior metodo possibile basandosi sulla situazione, sul costo e sul tempo
   a disposizione. Deve inoltre documentare accuratamente tutto l'approccio, inclusa la preparazione dei dispositivi al trasporto utilizzando
   appropriati strumenti di imballaggio.

   Inoltre, nel caso in cui si scelga di non raccogliere tutti i dispositivi identificati, la scelta deve essere opportunamente documentata e
   giustificata in accordo alle locali normative;

3. *acquisizione*: Questa fase riguarda la produzione di una copia forense
   del dispositivo che potrebbe contenere prove digitali e della documentazione riguardante metodi utilizzati e attivitá effettuate a tale scopo.

La documentazione prodotta dovrá permettere di rendere riproducibile e verificabile il processo. Inoltre, la bontá del metodo di acquisizione (identitá tra fonte originale e copia) dovrebbe essere verificabile tramite l'utilizzo di una funzione di verifica attendibile (es. funzione di hash[1]) cosí che l'output della funzione per l'originale e per la copia sia identico. Potrebbe succedere che l'acquisizione porti a modifiche inevitabili ai dati digitali, nel qual caso le attivitá svolte vanno accuratamente documentate per poter risalire alle responsabilitá delle modifiche. Possono inoltre verificarsi casi in cui non é possibile effettuare la verifica del metodo di acquisizione (es. settori danneggiati, sistema in esecuzione): in situazioni di questo tipo bisogna cercare di eseguire la verifica della maggior parte dei dati (utilizzando il miglior metodo disponibile, giustificandolo) o documentare e giustificare l'assenza della verifica se non fosse proprio possibile procedere.

Infine, se non fosse possibile procedere con la copia forense, bisogna procedere con una acquisizione logica del sistema (a livello di file o partizione), tenendo presente che alcuni dati (ad esempio lo slack space[2], i file cancellati) potrebbero non essere copiati;

4. *conservazione*: Le potenziali prove digitali vanno conservate correttamente per garantire la loro utilizzabilitá in fase di investigazione. Questo fase é quindi trasversale a tutte le altre ed inizia giá a partire dalla fase di raccolta o acquisizione, in modo da garantire che in nessun momento la potenziale prova digitale possa essere alterata involontariamente o volontariamente. Il DEFR dovrebbe quindi essere in grado di dimostrare che le prove non sono mai state modificate dal momento

---

[1]Hash: funzione non invertibile che mappa una stringa di lunghezza arbitraria in una stringa di lunghezza predefinita. Esempi di funzioni hash sono MD5 e SHA-1. Queste funzioni possono essere utilizzate per verificare l'identitá tra originale e copia, poiché l'output della funzione applicata ad entrambi sará identico.

[2]Slack space: porzioni di disco il cui spazio non viene allocato dal sistema operativo, che potrebbe contenere informazioni relative a file presenti in precedenza che possono essere recuperati mediante l'utilizzo di tool specifici.

della loro raccolta o acquisizione, o nel caso in cui vi fossero state modifiche inevitabili, che queste siano state accuratamente documentate. Nella fase di conservazione delle prove bisogna inoltre considerare la confidenzialitá dei dati, che puó essere dettata da requisiti di business (es. proprietá industriale) o da requisiti legali (es. legge sulla privacy). Nel Capitolo 3 vengono esposti in dettaglio i requisiti normativi in merito alla confidenzialitá dei dati richiesti dalla legislazione italiana.

Lo standard, inoltre, fornisce per ognuna delle fasi sopra elencate delle linee guida relative ad operazioni di base ed operazioni addizionali da svolgere per poter garantire la bontá delle prove raccolte e quindi il loro utilizzo in sede processuale. Queste sono state utilizzate per la formulazione del modello organizzativo di risposta agli incidenti informatici che é l'obiettivo di questo lavoro, esposto nel Capitolo 4.

Capitolo 3

Aspetti giuridici connessi alla riservatezza dei dati aziendali

L'ordinamento giuridico italiano regola il diritto alla protezione dei dati personali tramite il Decreto Legislativo del 30 Giugno 2003 n° 196 - Codice in materia di protezione dei dati personali [4]. Tale decreto garantisce che il trattamento dei dati personali avvenga in modo tale da non ledere diritti, libertá fondamentali e dignitá dell'interessato, con particolare enfasi sulla riservatezza, sull'identitá personale e sul diritto alla protezione dei dati personali.

Nelle seguenti sezioni analizzeremo le parti del decreto piú rilevanti (secondo il parere di chi scrive) ai fini delle operazioni investigative, per poter garantire che durante le indagini vengano preservati i diritti fondamentali previsti dalla legislazione italiana nei confronti dell'interessato, nell'eventualitá in cui ci si trovi a dover effettuare operazioni di trattamento di dati personali sensibili e non.

Un altro Decreto di notevole rilevanza e interesse per le aziende é il Decreto Legislativo dell'8 Giugno 2001 n° 231 - Responsabilitá amministrativa delle societá e degli enti [20] - che prevede due criteri di imputazione delle responsabilitá:

- oggettivo: soggetti interni all'azienda che rivestano posizione di "api-

17

cale" o "sottoposto";

- **soggettivo: mancata adozione di modelli organizzativi e di gestione idonei a prevenire la commissione di illeciti.**

L'introduzione della Legge del 18 Marzo 2008 n° 48 - Ratifica ed esecuzione della Convenzione del Consiglio d'Europa sulla criminalitá informatica, fatta a Budapest il 23 novembre 2001, e norme di adeguamento dell'ordinamento interno - ha **esteso** il campo di applicazione del D.Lgs. 231/2001 anche ai **reati informatici commessi da un suo vertice o da un dipendente dell'azienda allorquando ció avvenga nel suo interesse o abbia apportato alla stessa un vantaggio.**

Il D.Lgs. 231/2001 prevede infatti **l'esonero di responsabilitá dell'azienda** nel momento in cui questa sia in grato di dimostrare di aver predisposto **modelli organizzativi** atti a prevenire reati della specie di quello verificatosi.

Per i motivi appena menzionati é stato sviluppato un esempio di modello organizzativo che le aziende possono abbracciare per prevenire l'occorrenza di reati informatici, includendo anche una linea guida in merito alle azioni immediate da intraprendere al verificarsi di un evento.

Si rimanda al Capitolo 4 per l'illustrazione del modello.

3.1   D.Lgs. 196/2003

Il D.Lgs. 196/2003 deve essere applicato da chiunque effettui operazioni di trattamento dei dati personali e sia stabilito nel territorio dello Stato o in luogo soggetto alla Sovranitá dello Stato o che sia stabilito in un Paese al di fuori dell'Unione Europea e impieghi strumenti situati nel territorio dello Stato per finalitá di trattamento di dati (anche in formato non elettronico), tranne nel caso in cui tali strumenti siano utilizzati ai fini di transito nel territorio dell'Unione Europea.

Le figure principali menzionate all'interno della norma sono:

- *titolare del trattamento*: entitá (persona fisica o giuridica) che esercita potere decisionale autonomo su finalitá e modalitá di trattamento dei dati, anche per quanto concerne la sicurezza;

- *responsabile del trattamento*: Viene designato (facoltativamente) dal titolare del trattamento e viene individuato tra i soggetti che per esperienza, capacitá e affidabilitá siano in grado di fornire garanzie del pieno rispetto delle norme vigenti. Secondo necessitá piú soggetti possono essere designati, con eventuale suddivisione di compiti. I compiti affidati al responsabile devono essere dettagliatamente specificati per iscritto dal titolare, che vigila sulla puntuale osservanza delle disposizioni e delle sue istruzioni da parte dello stesso;

- *incaricati del trattamento*: sono i soggetti incaricati di effettuare le operazioni di trattamento. Questi operano sotto la diretta autoritá del titolare o del responsabile, secondo le istruzioni ricevute.

3.1.1 Informativa

Chiunque effettui operazioni di trattamento di dati ha l'obbligo di fornire agli interessati le caratteristiche essenziali dei trattamenti effettuati. Tale informativa va fornita sia per i dati raccolti presso l'interessato che per quelli raccolti presso terzi. Essa deve inoltre contenere:

- finalitá e modalitá del trattamento;

- obbligatorietá di fornitura dei dati, ed eventuali conseguenze nel caso di rifiuto di risposta;

- soggetti o categorie di soggetti ai quali i dati possono essere comunicati (o che possono venirne a conoscenza);

- diritti riconosciuti all'interessato;

- estremi di titolare e responsabile (se designato) del trattamento.

L'informativa deve essere resa in modo chiaro, eventualmente anche sintetico e colloquiale prima delle operazioni di trattamento e, nel caso di rapporti con fornitori,clienti o dipendenti é sufficiente fornirla all'inizio delle operazioni, senza la necessitá di ripeterla ad ogni contatto. Se i dati personali non sono raccolti presso l'interessato l'informativa va fornita allo stesso all'atto della registrazione dei dati o, quando é prevista la loro comunicazione, non oltre la prima comunicazione.

L'obbligo di fornire l'informativa non si applica in tre situazioni:

- se i dati sono trattati in base ad un obbligo previsto dalla legge, da un regolamento o dalla normativa comunitaria;

- se i dati sono trattati ai fini dello svolgimento di investigazioni difensive o per far valere o difendere un diritto in sede giudiziaria;

- nei casi in cui fornirla risulti (a detta del Garante) impossibile o eccessivamente sproporzionato rispetto al diritto tutelato.

3.1.2   Consenso al trattamento dei dati

L'interessato dalle operazioni di trattamento, informato secondo le modalitá appena descritte, deve esprimere il suo consenso al trattamento dei dati se questo avviene da parte di privati o enti pubblici economici. Il consenso si considera valido quando espresso liberamente, documentato per iscritto e riferito ad un trattamento chiaramente individuato. In particolare nel caso di consenso al trattamento di dati sensibili[1], questo deve essere manifestato in forma scritta per considerarsi valido. Vi sono nove casi in cui il trattamento di dati non sensibili puó essere effettuato senza consenso, espressi all'interno dell'articolo 24 - "Casi nei quali puó essere effettuato il trattamento senza consenso".

Con riferimento ai dati sensibili, questi possono essere oggetto di trattamento

---

[1]Dati sensibili: dati personali idonei a rivelare l'origine razziale ed etnica, le convinzioni religiose, filosofiche [..], nonché **i dati personali idonei a rivelare lo stato di salute e la vita sessuale.**

anche senza consenso (previa autorizzazione del Garante) nel caso in cui sia
necessario adempiere a specifici obblighi o compiti previsti dalla legge, da un
regolamento o dalla normativa comunitaria per la gestione del rapporto di lavoro (e di materie ad esso collegate) o nel caso in cui tali dati siano necessari
per lo svolgimento di investigazioni difensive (secondo la Legge del 7 Dicem-
bre 2000 n° 397 - Disposizioni in materia di indagini difensive) o comunque
per far valere o difendere un diritto in sede giudiziaria. Nel caso specifico di
dati sensibili atti a rivelare lo stato di salute, ne é vietata la diffusione senza
alcune eccezione (art. 26).

3.1.3   Notifica del trattamento di dati

La notifica al Garante da parte del titolare in merito all'intenzione di
procedere ad operazioni di trattamento di dati personali é richiesta solo nel
caso in cui si tratti di:

- dati genetici, biometrici o dati che possano rivelare posizione geografica
  di persone od oggetti;

- dati idonei a rivelare lo stato di salute e la vita sessuale, trattati ai fini
  di procreazione assistita o prestazione di servizi sanitari;

- dati idonei a rivelare la vita sessuale o la sfera psichica trattati da enti
  senza scopo di lucro;

- dati trattati mediante strumenti elettronici volti a definire profilo e
  personalitá dell'interessato;

- dati sensibili registrati in banche dati ai fini di selezione del personale
  per conto di terzi;

- dati sensibili registrati in banche dati gestite con strumenti elettronici e
  relative a rischio sulla solvibilitá, situazione patrimoniale, adempimento
  di obbligazioni, comportamenti illeciti o fraudolenti.

3.1.4   Violazioni amministrative

La violazione delle disposizioni relative all'informativa (presentata nella sezione 3.1.1) viene punita mediante pagamento di una somma da tremila a diciottomila euro o, nel caso di dati sensibili o giudiziari o di dati che presentano rischi specifici (art. 17) la somma va da cinquemila a trentamila euro. Inoltre chi non provvede, essendo tenuto a notificare il Garante (come discusso nella sezione 3.1.3), a notificare tempestivamente o indica all'interno notizie incomplete viene punito con il pagamento di una somma da diecimila a sessantamila euro.

Infine, la mancata adozione delle misure di sicurezza minime richieste dal D.Lgs. 196/2003 (che verranno presentate nella sezione 3.2) viene punita con l'arresto fino a due anni o con l'ammenda da diecimila a cinquantamila euro.

3.2   Le misure di sicurezza minime richieste

Il trattamento di dati personali é consentito soltanto se sono adottate delle misure minime di sicurezza dettagliate all'interno dell'allegato B al D.Lgs. 196/2003 [5] oggetto della sezione 3.1 e di seguito esposte.

Menzione particolare merita il Documento Programmatico sulla Sicurezza (discusso all'interno della sezione 3.3), che era richiesto dall'articolo 34 comma 1 lettera g) del D.Lgs. 196/2003 e ripreso dall'articolo 19 di tale allegato. L'obbligo di redazione di tale documento oggi non sussiste piú, poiché il Decreto-Legge n° 5 del 9 Febbraio 2012 - Disposizioni urgenti in materia di semplificazione e di sviluppo - ha abrogato il punto 19 dell'allegato B e la lettera g) del comma 1 [19]. Il DPS verrá esposto comunque per completezza di informazione, dato che "[...]*dopo l'entrata in vigore dal decreto semplificazioni, appare opportuna l'adozione da parte del titolare del trattamento dei dati di un documento che descriva dettagliatamente l'organizzazione e le politiche di privacy adottate e che coincida nella logica con il DPS, senza peró rispondere ai criteri imposti dal Garante della Privacy* [...]" [19].

Infatti sará ancora necessario, per i soggetti identificati come titolari o responsabili del trattamento (articoli 28 e 29 del D.Lgs. 196/2003), predisporre la redazione di un documento idoneo che, pur non chiamandosi piú DPS, attesti il corretto adempimento delle misure minime previste dall'art. 34 e dall'Allegato B.

3.2.1 Sistema di autenticazione

Gli incaricati che effettuano il trattamento di dati personali con strumenti elettronici devono essere dotati di credenziali di autenticazione (es. codice identificativo e parola chiave). La parola chiave, quando prevista, deve essere composta da almeno otto caratteri o dal massimo consentito dal sistema e deve essere tenute segreta dall'incaricato. Nel caso di trattamento di dati sensibili questa va modificata almeno ogni tre mesi.

Se l'accesso ai dati e/o agli strumenti é regolato solamente dalla parola chiave, deve essere sempre possibile per il titolare assicurare la disponibilitá di dati o strumenti elettronici in caso di prolungata assenza o indisponibilitá dell'incaricato, ad esempio attraverso il mantenimento di una copia delle credenziali custodita da soggetti designati per iscritto che devono immediatamente informare l'incaricato dell'intervento effettuato. La soluzione scelta dovrá comunque essere adeguatamente procedurata per iscritto.

3.2.2 Sistema di autorizzazione

Un sistema di autorizzazione é la modalitá tecnica attraverso la quale si definisce, per un incaricato al trattamento di dati con strumenti elettronici dotato di credenziali di autenticazione, l'ambito di trattamento consentito dall'applicazione utilizzata. Il sistema di autorizzazione si stabilisce attraverso la definizione di profili di autorizzazione, ai quali possono essere associati gli incaricati o gruppi di essi.

Suddetto sistema é previsto solo nel caso in cui siano individuati profili di autorizzazione di ambito diverso per gli incaricati.

Inoltre, i profili di autorizzazione sono individuati e configurati precedentemente all'inizio del trattamento, cosí da permettere l'accesso agli incaricati ai soli dati su cui sono autorizzati ad effettuare operazioni di trattamento.

3.2.3 Altre misure

- Annualmente bisogna aggiornare la lista degli incaricati e addetti alla gestione o alla manutenzione degli strumenti elettronici;

- i dati personali vanno protetti contro il rischio di intrusione e di azione dei programmi (art. 615 quinques del codice penale);

- i programmi atti a prevenire la vulnerabilitá di strumenti elettronici vanno aggiornati almeno annualmente e, nel caso di dati sensibili o giudiziari, semestralmente;

- bisogna fornire istruzioni organizzative e tecniche per far si che i dati siano salvati con frequenza almeno settimanale.

3.2.4 Trattamento senza strumenti elettronici

Il trattamento che invece non avviene mediante l'utilizzo di strumenti elettronici é consentito solo se sono soddisfatte le seguenti misure minime di sicurezza:

- aggiornamento periodico dell'ambito del trattamento consentito ai singoli incaricati;

- previsione di procedure per l'idonea custodia di atti e documenti affidati agli incaricati;

- previsione di procedure per la conservazione di determinati atti in archivi ad accesso controllato e relativa disciplina delle modalitá di accesso.

3.3 Il Documento Programmatico sulla Sicurezza e la valutazione dei rischi

Il D.Lgs. 196/2003 trattato all'interno della precedente sezione richiedeva inoltre all'interno dell'articolo 34 comma 1 lettera g) che chiunque effettui operazioni di trattamento di dati mantenesse un Documento Programmatico sulla Sicurezza (conosciuto anche con il termine DPS, a cui ci riferiremo da qui in poi), da aggiornarsi entro il 31 Marzo di ogni anno.

Tale documento doveva contenere le idonee metodologie e procedure atte a ridurre i rischi correlati alle operazioni di trattamento di dati, sia in formato elettronico che cartaceo.

I requisiti in merito al DPS esposti in seguito, illustrati solo per completezza di informazione per le motivazioni esposte nella sezione 3.2, sono stati forniti dal Legislatore all'interno dell'allegato B al D.Lgs. 196/2003 [5], articolo 19. Secondo tale articolo, il Documento Programmatico sulla Sicurezza doveva almeno contenere:

- *elenco dei trattamenti di dati personali*: informazioni da fornire in questa sezione possono riguardare una descrizione sintetica (es. finalitá perseguita o attivitá svolta) delle operazioni di trattamento, la natura dei dati trattati, la struttura di riferimento ed eventuali altre strutture che concorrono al trattamento includendo eventualmente anche la descrizione degli strumenti elettronici utilizzati a tal fine ed anche il luogo in cui vengono custoditi i supporti di memorizzazione, la tipologia di dispositivi di accesso e le metodologie di interconnessione tra gli stessi;

- *distribuzione dei compiti e delle responsabilitá*: va indicato il titolare del trattamento dei dati, fornendone le generalitá e l'incarico. Se il titolare ha nominato dei soggetti incaricati per il trattamento, vanno inoltre indicate le loro generalitá e una sintesi delle istruzioni fornite loro per effettuare le operazioni di trattamento.
  Tali istruzioni devono riguardare:

⋄ modalitá di classificazione dei dati personali;

⋄ modalitá di reperimento, custodia ed archiviazione di documenti contenenti dati personali;

⋄ modalitá di elaborazione e custodia delle parole chiave di accesso agli strumenti elettronici che consentono elaborazione di dati personali ed indicazioni di non lasciare incustoditi tali strumenti durante una sessione di lavoro;

⋄ modalitá di utilizzo degli strumenti di protezione dei sistemi informativi;

⋄ procedure per salvataggio dei dati, custodia ed archiviazione dei supporti rimovibili contenenti tali dati;

⋄ aggiornamento continuo sulle misure di sicurezza tramite strumenti messi a disposizione dal Titolare del trattamento.

• *Analisi dei rischi che incombono sui dati*: normalmente un processo di analisi del rischio avviene in tre fasi: identificazione di tutti i possibili rischi, classificazione di tali rischi sulla base di determinati parametri, mitigazione di tali rischi attraverso l'attuazione di misure preventive. Entrando nel merito dei dati personali, i rischi potrebbero essere raggruppati in tre macro aree:

⋄ rischi connessi al comportamento degli operatori;

⋄ rischi connessi al verificarsi di eventi sugli strumenti utilizzati per il trattamento;

⋄ rischi connessi al contesto lavorativo aziendale.

L'azienda dovrá quindi identificare tutti i possibili rischi correlati a ciascuna area e valutarne l'incidenza. Tale valutazione potrebbe essere basata ad esempio sulla tipologia dei dati trattati: bisogna valutare quanto siano di valore i dati trattati rispetto, ad esempio, alla pericolositá per la privacy dei soggetti a cui sono riferiti tali dati. I dati che una azienda tratta possono essere di svariati tipi: dati comuni dei dipendenti, dati comuni dei clienti, dati comuni dei fornitori e dati degli stessi reperiti ad esempio da registri pubblici o elenchi. Tali dati ricadrebbero in un impatto di rischio probabilmente minore rispetto ai dati sensibili dei dipendenti, dei clienti e di terzi dato il loro impatto minore riguardo la pericolositá per la privacy, ma che comunque devono essere salvaguardati con misure appropriate.

La tabella 3.1 illustra tre esempi di rischio, ognuno appartenente ad una delle categorie precedentemente menzionate.

Per ulteriori approfondimenti in merito si rimanda ai dettagli illustrati nel provvedimento dell' 11/06/2004 [6] emanato dal Garante, che fornisce una linea guida per la compilazione del DPS.

Categoria	Rischio	Occorrenza (Si/No)	Gravitá (A/M/B)
Comportamento degli operatori	Errore materiale		
Eventi relativi agli strumenti	Accesso esterno non autorizzato		
Eventi relativi al contesto	Accesso non autorizzato ad aree ad accesso controllato		

Tabella 3.1: Esempi di rischio, illustrati per categoria.

- *Misure in essere e da adottare*: per misure si intendono gli specifici interventi tecnici o organizzativi giá in essere all'interno dell'azienda, ma anche quelle attivitá di verifica/controllo che permettano di verificarne l'efficacia.

  Le misure indicate devono quindi garantire:

  ◇ la protezione delle aree e dei locali adibiti alle operazioni di trattamento. Nell'indicare tali misure bisogna elencare sia quelle giá adottate al momento della stesura del documento che ulteriori misure da adottare al fine di incrementare il livello di sicurezza nell'ambito del trattamento dei dati;

◇ la corretta custodia e archiviazione di atti, documenti e supporti contenenti dati personali;

◇ la sicurezza logica (riguardo agli strumenti informatici). Tali misure meritano particolare attenzione, dato che una errata configurazione potrebbe incrementare notevolmente i rischi per i dati personali elaborati mediante strumenti elettronici. In particolare, le misure di sicurezza logica consistono in:

* realizzazione e gestione di un sistema di autenticazione, cosí da poter accertare l'identitá delle persone che hanno accesso agli strumenti di elaborazione. In particolare ciascun utilizzatore deve essere dotato di password personale lunga almeno 8 caratteri che non contenga elementi facilmente ricollegabili né all'individuo né all'organizzazione, cosí da rendere difficile qualunque tentativo di attacco a tale password. Come richiesto inoltre dal D.Lgs. oggetto della sezione 3.1, tale password deve essere inserita in busta sigillata e consegnata al soggetto designato alla custodia delle password (titolare o persona diversa da quest'ultimo). Ogni tre mesi ciascun incaricato deve sostituire la propria password, che viene comunque autonomamente disattivata dopo tre mesi di non utilizzo della stessa;

* definizione delle tipologie di dati a cui ciascun incaricato puó accedere e relativi profili di autorizzazione all'interno dei sistemi di elaborazione;

* protezione di strumenti e dati da malfunzionamenti (es. mirroring delle banche dati, UPS) e da attacchi informatici (es. firewall, antivirus);

         * prescrizione di opportuni accorgimenti per l'utilizzo e la custodia dei supporti rimovibili contenenti dati.

- *Criteri e modalitá di ripristino della disponibilitá dei dati*: vanno descritti criteri e procedure per effettuare il ripristino dei dati nell'eventualitá in cui questi vengano danneggiati o la base di dati sia compromessa (es. guasto). Queste attivitá sono di fondamentale importanza, in quanto é essenziale che, quando sono necessarie, le copie dei dati siano disponibili e le procedure di reinstallazione efficaci.

  É quindi opportuno descrivere sinteticamente criteri e procedure adottati per il salvataggio dei dati, cosí da garantire che il ripristino avvenga correttamente. A tal fine risulta utile descrivere: banca dati interessata, criteri e procedure per il salvataggio (es. tipo e frequenza), modalitá di custodia delle copie e la struttura o persona incaricata del salvataggio;

- *pianificazione degli interventi formativi previsti*: In questa sezione bisogna descrivere sinteticamente gli obiettivi e le modalitá di svolgimento degli interventi formativi nei casi previsti dalla regola 19.6, cioé ad esempio ingresso in servizio o cambio mansione degli incaricati, adozione di nuovi strumenti di elaborazione ecc...

  Bisogna quindi individuare le classi omogenee di incarico per cui é richiesto l'intervento formativo e/o gli incaricati interessati, specificando infine anche la durata prevista per tali interventi;

- *trattamenti affidati all'esterno*: Nel caso in cui ci si affidi a strutture esterne a quella del titolare é necessario redigere un quadro sintetico delle attivitá di trattamento affidate, indicando il quadro giuridico o contrattuale in cui si inquadra questo trasferimento di attivitá.

  In particolare bisogna esplicitare:

      ◇ l'attivitá affidata all'esterno;

      ◇ i trattamenti di dati (sensibili o giudiziari) effettuati nell'ambito di suddetta attivitá;

◇ la societá a cui é stata affidata l'attivitá;

◇ il ruolo ricoperto agli effetti della disciplina sulla protezione dei dati personali (titolare o responsabile);

◇ oneri a cui é sottoposta la societá esterna tra cui ad esempio la necessitá di rilasciare dichiarazioni o specifica documentazione) o l'assunzione di impegni su base contrattuale, tra cui:

  * trattamento di dati solo ai fini dell'incarico ricevuto;

  * relazione periodica sulle misure di sicurezza adottate;

  * comunicazioni immediate al titolare nei casi di emergenza o di situazioni anomale.

L'ultimo punto in particolare risulta utile quando, ad esempio, una societá si affida a dei consulenti per effettuare indagini investigative sulla violazione di sistemi. In quel caso i consulenti dovranno dichiarare che i dati di cui verranno in possesso saranno trattati solo e soltanto al fine di espletare le attivitá oggetto dell'incarico;

• *cifratura dei dati o separazione dei dati identificativi*: si applica solo ad organismi sanitari o esercenti professioni sanitarie. Se é questo il caso, vanno descritte le modalitá di protezione relative a dati per cui é richiesta la cifratura o la separazione fra dati identificativi e dati sensibili, indicando inoltre le modalitá con cui si assicura la sicurezza dei trattamenti.

In particolare vanno descritti:

◇ i trattamenti (banche o basi di dati) oggetto della protezione;

◇ la tipologia di protezione adottata scelta fra quelle indicate dal D.Lgs. 196/2003, o sulla base di considerazioni fornite dal titolare;

◇ descrizione della misura adottata in termini tecnici ed organizzativi, se necessario.

Vi sono infine delle misure ulteriori da adottare nel caso in cui le operazioni di trattamento riguardino dati sensibili o giudiziari, contenuti all'interno degli articoli 20-24 dell'allegato B al D.Lgs. 196/2003 [5] e di seguito riportati:

art. 20: i dati sensibili o giudiziari sono protetti contro l'accesso abusivo, di cui all'art. 615-ter del codice penale, mediante l'utilizzo di idonei strumenti elettronici;

art. 21: sono impartite istruzioni organizzative e tecniche per la custodia e l'uso dei supporti rimovibili su cui sono memorizzati i dati al fine di evitare accessi non autorizzati e trattamenti non consentiti;

art. 22: i supporti rimovibili contenenti dati sensibili o giudiziari se non utilizzati sono distrutti o resi inutilizzabili, ovvero possono essere riutilizzati da altri incaricati, non autorizzati al trattamento degli stessi dati, se le informazioni precedentemente in essi contenute non sono intelligibili e tecnicamente in alcun modo ricostruibili;

art. 23: sono adottate idonee misure per garantire il ripristino dell'accesso ai dati in caso di danneggiamento degli stessi o degli strumenti elettronici, in tempi certi compatibili con i diritti degli interessati e non superiori a sette giorni;

art. 24: gli organismi sanitari e gli esercenti le professioni sanitarie effettuano il trattamento dei dati idonei a rivelare lo stato di salute e la vita sessuale contenuti in elenchi, registri o banche di dati con le modalitá di cui all'articolo 22, comma 6[2] del D.Lgs. 196/2003, anche al fine di consentire

---

[2]D.Lgs. 196/2003 - Art.22 comma 6: "I dati sensibili e giudiziari contenuti in elenchi, registri o banche di dati, tenuti con l'ausilio di strumenti elettronici, sono trattati con tecniche di cifratura o mediante l'utilizzazione di codici identificativi o di altre soluzioni che, considerato il numero e la natura dei dati trattati, li rendono temporaneamente inintelligibili anche a chi é autorizzato ad accedervi e permettono di identificare gli interessati solo in caso di necessitá."

il trattamento disgiunto dei medesimi dati dagli altri dati personali che permettono di identificare direttamente gli interessati [...]

La stesura del DPS si conclude con la dichiarazione di impegno e di firma. Per garantire infine che la data apposta sia certa é necessaria l'apposizione di un timbro da parte dell'Ufficio Postale o, in alternativa, la spedizione del documento a se stessi.

Il Documento Programmatico sulla Sicurezza appena discusso aveva l'obiettivo di fornire adeguate informazioni sulle operazioni di trattamento di dati personali, anche attraverso l'analisi dei rischi correlati a tali operazioni. Esiste poi un altro documento che contiene una mappatura di tutti i rischi presenti in una azienda, il cosiddetto "Documento di Valutazione dei Rischi", che deve contenere tutte le procedure necessare per l'attuazione di misure di prevenzione e protezione da realizzare, specificando anche i ruoli dei soggetti incaricati di realizzarle. Tale documento é un requisito burocratico assegnato direttamente al datore di lavoro e anch'esso va redatto con data certa.

Per ulteriori approfondimenti sul documento menzionato, che non é oggetto di trattazione in questo lavoro, si rimanda agli articoli 17 e 28 del Decreto Legislativo del 9 Aprile 2008 n° 81 [7] - Attuazione dell'articolo 1 della legge 3 Agosto 2007, n° 123, in materia di tutela della salute e della sicurezza nei luoghi di lavoro.

In particolare, l'articolo 17 - Obblighi del datore di lavoro non delegabili - afferma che il datore di lavoro non puó delegare le seguenti attivitá:

- la valutazione di tutti i rischi con la conseguente elaborazione del documento previsto dall'articolo 28;

- la designazione del responsabile del servizio di prevenzione e protezione dai rischi.

L'articolo 28 - Oggetto della valutazione dei rischi - invece, contempla tutte le tipologie di rischio che devono essere prese in considerazione durante la fase di valutazione, ivi inclusi ad esempio quelli riguardanti gruppi di lavoratori esposti a rischi particolari, tra cui anche quelli collegati allo stress lavoro-correlato.

Capitolo 4

Definizione di un modello organizzativo per casi

Il modello organizzativo obiettivo di questo lavoro é stato strutturato secondo un approccio per casi.

Per ogni caso viene effettuata una analisi di rischio collegata all'evento, viene proposto un metodo per permettere di documentare l'evento stesso ed infine vengono descritte le modalitá di trattamento del reperto informatico, utili anche al fine di tracciare il fenomeno.

Di seguito il dettaglio delle attivitá proposte:

1. Gestione dei rischi:

   (a) evento - descrizione e riferimento normativo;

   (b) identificazione delle possibili cause dell'evento;

   (c) identificazione delle possibili conseguenze dell'evento;

   (d) classificazione di rischio associato all'evento, secondo una scala di tipo qualitativo [1]. Verranno utilizzati i valori L (basso), M (medio), H(alto);

---

[1] I rischi possono essere classificati attraverso due tipi di scale: qualitativa, in cui viene assegnata una scala di attributi qualificativi (basso, medio, alto) per descrivere la grandezza delle potenziali conseguenze e la probabilità di occorrenza degli eventi; quantitativa, che utilizza una scala di valori numerici per classificare sia le conseguenze che la probabilità

    (e) azioni atte a mitigare il livello di rischio rilevato.

    (f) livello di rischio calcolato al termine del punto e).

2. Scoperta e notifica dell'evento:

    (a) modulo di segnalazione evento.

3. Valutazione e decisione:

    (a) valutazione dell'evento e sua classificazione.

4. Risposta:

    (a) modalitá di trattamento del reperto informatico, utili a documentare il fenomeno.

In particolare, le fasi due e tre sono indipendenti dal tipo di evento accaduto, quindi verranno descritte in una sezione a parte onde evitare ripetizioni e facilitarne la lettura. La fase due viene descritta nella sezione 4.5, mentre la fase tre viene descritta nella sezione 4.6.

Infine, verranno descritte delle linee guida per ottenere i reperti informatici su cui andare ad operare per documentare i fenomeni verificatisi. Tali linee guida vengono esposte nella sezione 4.7, mentre all'interno di ogni caso del modello proposto vengono descritte possibili tipologie di reperto da prendere in considerazione per documentare/analizzare gli eventi accaduti.

I casi che vengono presi in esame ed esposti nei seguenti paragrafi sono:

- accesso abusivo;

- violazione della casella di posta elettronica;

- sottrazione di dati relativi a proprietá industriale:

    – sottrazione operata da dipendenti o collaboratori interni;

    – sottrazione operata da soggetti esterni;

- furto di sistemi informatici.

di occorrenza[10]

4.1   Accesso abusivo

Nel caso di un *Accesso abusivo ad un sistema informatico o telematico*, tale reato é sanzionato ai sensi dell'Art. 615-ter c.p.[11] secondo cui *"Chiunque abusivamente si introduce in un sistema informatico o telematico protetto da misure di sicurezza ovvero vi si mantiene contro la volontá espressa o tacita di chi ha il diritto di escluderlo, é punito con la reclusione fino a tre anni [..]"*.

Rientra sotto la definizione di accesso abusivo anche il caso in cui un utente acceda a delle risorse su cui non vi é una specifica limitazione di accesso imposta dal software, ma a cui non é autorizzato ad accedere. Si pensi ad esempio ad un utente di un file server, autorizzato all'accesso ad alcune cartelle, che effettua la consultazione di altre cartelle, a cui invece non é autorizzato ad accedere, poiché non vi sono restrizioni imposte dal sistema.

4.1.1   Analisi di rischio

4.1.1.1   Cause

1. SQL/Code injection;

2. sistemi non protetti mediante tecnologie di protezione/controllo di accesso;

3. insufficienza dei sistemi di protezione/controllo di accesso (es. nessuna limitazione minima sulla lunghezza e/o complessitá della password, configurazione errata dei sistemi);

4. mancati aggiornamenti dei sistemi di protezione/controllo di accesso, utili alla risoluzione di vulnerabilitá note (come sql injection), spesso sfruttate dagli attaccanti;

5. utilizzo di keylogger (si presuppone in questo caso la disponibilitá di accesso fisico alla macchina).

4.1.1.2 Conseguenze

Le principali conseguenze di tale evento riguardano la perdita di tutti i principali elementi portanti del concetto stesso di sicurezza informatica (descritti precedentemente nella sezione 2.1):

1. indisponibilitá dei servizi;

2. violazione dell'integritá dei dati (come ad esempio la loro alterazione o cancellazione);

3. furto di dati;

4. violazione della privatezza degli utilizzatori dei sistemi, che potrebbe sfociare in casi di furto di identitá nel caso in cui le informazioni personali degli utenti a cui si riesce ad accedere siano molto dettagliate.

4.1.1.3 Livello di rischio calcolato

La tabella 4.1 riporta il livello di rischio calcolato in base alla probabilitá di occorrenza di ogni singola causa e alle relative conseguenze.

Causa	Probabilitá di occorrenza	Conseguenze	Livello di rischio
1	H	1÷4:H	H
2	L	1÷2:M 3÷4:L	L
3	H	1÷3:H 4:M	H
4	H	1÷3:H 4:M	H
5	M-L	1÷3:H 4:M	M

Tabella 4.1: Accesso abusivo: livelli di rischio stimati.

In particolare, gli attacchi che hanno come cause quelle identificate ai punti 1,3,4 della sezione 4.1.1.1 sono quelli che, secondo il rapporto CLUSIT 2014[12], risultano essere i piú diffusi (ma anche piú facili da mitigare come vedremo nella sezione 4.1.1.4) negli ultimi 2 anni, infatti nel 2013 attacchi di tipo SQL Injection, DDoS e sfruttamento di vulnerabilitá rappresentavano il 58% del totale, mentre si raggiungeva il 69% nel 2012.

Tali attacchi hanno sicuramente un impatto ad alto rischio per quanto concerne la disponibilitá dei servizi forniti, l'integritá dei dati memorizzati e il loro possibile furto. In base poi alla robustezza del sistema che viene attaccato risulta piú o meno compromessa la privatezza dei suoi utilizzatori poiché potrebbero essere accessibili diversi livelli di informazioni personali, come ad esempio:

- nome utente, password cifrata;

- indirizzo email, password cifrata;

- dati personali di vario tipo, come nome cognome e password cifrata;

- nome, cognome, indirizzo email, password cifrata, dati della carta di credito.

A seconda del tipo di informazione esposto varia ovviamente il livello di rischio relativo alle conseguenze: l'ultimo punto, ad esempio, va categorizzato con un livello di rischio H, dato che vengono esposte praticamente tutte le informazioni sensibili dell'utente. Effettuando quindi una analisi di rischio piú dettagliata, sulla base delle informazioni a cui si riesce ad avere accesso, il livello di rischio varia, ma comunque quello totale viene categorizzato come H a causa dell'influenza che ha il rischio delle rimanenti conseguenze analizzate.

Gli attacchi che hanno come cause quelle identificate ai punti 2 e 5 della sezione 4.1.1.1, invece, risultano meno probabili e con conseguenze aventi minor impatto, poiché nel primo caso risulta ad oggi molto raro avere un sistema non protetto mediante controllo di accesso e nel caso in cui cosí fosse, secondo quanto esposto nella sezione 3.3, probabilmente si tratterebbe di un sistema non utilizzato in alcun modo ai fini di trattamento di dati personali ma, ad esempio, solo per la consultazione di informazioni accessibili pubblicamente; nel secondo caso, invece, l'attaccante dovrebbe avere accesso fisico non controllato al sistema e il sistema dovrebbe consentire l'utilizzo di tale strumento. Tale evenienza comporterebbe lo sfruttamento contemporaneo delle cause numero 3 e 4 per cui, considerando anche la necessitá di aver fisicamente accesso al sistema, la probabiliá che ció accada é davvero molto bassa. Disccorso diverso per le conseguenze, il cui livello di rischio é paragonabile agli altri casi.

4.1.1.4 Azioni atte a mitigare il livello di rischio calcolato

Per poter mitigare i livelli di rischio individuati nel precedente paragrafo occorre sostanzialmente ridurre la probabilitá di occorrenza delle cause degli attacchi. In particolare é necessario:

- aggiornare costantemente i sistemi di controllo di accesso, cosí da ridurre la vulnerabilitá agli attacchi noti;

- monitorare il funzionamento di tutti i sistemi, cosí da poter verificare preventivamente la presenza di errate configurazioni e apportare le dovute correzioni prima che si verifichi un attacco;

- imporre vincoli rigidi di protezione logica e fisica sui sistemi, come ad esempio password lunghe almeno 8 caratteri, da aggiornare periodicamente, sistemi antivirus abilitati e funzionanti, controllo di accesso fisico ai locali (es. lettore badge, lettore biometrico, videosorveglianza).

4.1.1.5 Livello di rischio mitigato

Una volta implementate le misure indicate nel precedente paragrafo, i livelli di rischio calcolati nella sezione 4.1.1.3 si abbassano notevolmente, come si evince dalla tabella 4.2, che riporta i valori di rischio calcolati a seguito dell'implementazione delle azioni di mitigazione proposte.
Come indicato in tabella, l'implementazione delle azioni di mitigazione abbassa la probabilitá di occorrenza di questi tipi di attacco, mentre il livello

Causa	Probabilitá di occorrenza	Conseguenze	Livello di rischio
1	L	1÷4:H	M
2	L	1÷2:M 3÷4:L	L
3	L	1÷3:H 4:M	M
4	L	1÷3:H 4:M	M
5	L	1÷3:H 4:M	L

Tabella 4.2: Accesso abusivo: livelli di rischio mitigati.

di rischio associato alle conseguenze rimane invariato.

Ne consegue quindi una diminuzione del livello di rischio finale calcolato, che rimane a livello M per le cause 1,3,4, e scende ad un livello L per le cause 2 e 5.

4.1.2 Trattamento del reperto informatico

In questo caso possiamo distinguere tre reperti informatici, presupponendo di aver giá implementato le misure di mitigazione descritte nei precedenti paragrafi e di aver ottenuto il reperto informatico mediante la metodologia esposta nella sezione 4.7:

1. copia forense del disco del personal computer del dipendente;

2. file di log contenenti attivitá degli utenti sul server;

3. filmato di videosorveglianza della stanza in cui risiede il sistema.

Nel primo caso, la costruzione di una timeline delle attivitá all'interno del personal computer, con particolare focus sul periodo di tempo indicato in fase di segnalazione, unito all'analisi del filmato di videosorveglianza puó portare all'individuazione del soggetto che ha compiuto tali azioni e dei dati che sono stati visionati/prelevati abusivamente dal sistema. Tale timeline risulta utile anche nel caso di accesso da remoto.

Nel secondo caso, l'analisi dei file di log risulta molto utile per capire chi si é introdotto e a quali file ha avuto accesso.

Il terzo reperto normalmente serve ad identificare persone fisiche che hanno avuto accesso ai sistemi nella finestra temporale individuata, per cui risulterebbe ad esempio inutile nel caso di un accesso abusivo da remoto.

4.2 Violazione della casella di posta elettronica

Nel caso di *Violazione della casella di posta elettronica*, tale reato é sanzionato ai sensi dell'Art.616 c.p.[13], secondo cui *"Chiunque prende cognizione del contenuto di una corrispondenza chiusa, a lui non diretta, ovvero sottrae o distrae, al fine di prenderne o di farne da altri prendere cognizione, una corrispondenza chiusa o aperta, a lui non diretta , ovvero, in tutto o in parte, la distrugge o sopprime, é punito, se il fatto non é preveduto come reato da altra disposizione di legge, con la reclusione fino a un anno o con la multa da euro 30 a euro 516.[..]Agli effetti delle disposizioni di questa sezione, per corrispondenza si intende quella epistolare, telegrafica, telefonica, informatica o telematica, ovvero effettuata con ogni altra forma di comunicazione a distanza."*

4.2.1 Analisi di rischio

4.2.1.1 Cause

1. utilizzo di account/pc condiviso;

2. memorizzazione automatica delle credenziali di accesso alla casella di posta;

3. mancata esecuzione del logout;

4. password banale (es. parole prese da dizionario, nomi di persone/città);

5. utilizzo della postazione di lavoro del dipendente in sua assenza (es. malattia): un esempio di tale caso é stato presentato nella sezione 3.2.1;

6. accesso abusivo: per l'analisi di rischio connessa a questo caso si veda la sezione 4.1.1.1.

4.2.1.2 Conseguenze

Le principali conseguenze della violazione di una casella di posta elettronica si possono riassumere in:

1. violazione privacy dell'utilizzatore di tale casella;

2. possibile esposizione di informazioni riservate/critiche per il business aziendale o confidenziali.

4.2.1.3 Livello di rischio calcolato

I fattori identificati come cause di questo caso preso in esame, come si puó facilmente intuire, sono riconducibili per la maggior parte ad errori/insufficienze tecniche causate dall'operatore e non dal sistema, per questo la probabilitá di occorrenza viene classificata in tutti i casi come H. Il livello di rischio calcolato viene illustrato all'interno della tabella 4.3.

Causa	Probabilitá di occorrenza	Conseguenze	Livello di rischio
1	H	1:M 2:H	H
2	H	1:M 2:H	H
3	H	1:M 2:H	H
4	H	1:M 2:H	H
5	H	1:M 2:H	H

Tabella 4.3: Violazione casella di posta elettronica: livelli di rischio stimati.

4.2.1.4   Azioni atte a mitigare il livello di rischio calcolato

Per poter mitigare i livelli di rischio individuati nel precedente paragrafo occorre sostanzialmente ridurre la probabilitá di occorrenza degli errori umani individuati. In particolare é necessario:

- inibire l'accesso alla casella di posta aziendale dall'esterno dell'azienda. Una soluzione di questo tipo puó essere ottenuta tecnicamente affidandosi ad un server di posta interno al dominio aziendale, invece che ad un provider esterno, e consentirne l'accesso fuori dall'orario di lavoro solo dal pc aziendale mediante connessione VPN;

- nel caso in cui il punto precedente non fosse realizzabile, produrre e far rispettare un regolamento stretto per la consultazione della casella di posta all'esterno dell'ambiente lavorativo;

- non autorizzare in nessun caso la consultazione della casella di posta elettronica attraverso un pc utilizzato da piú utenti (tale limite potrebbe essere inserito nel regolamento proposto al punto precedente);

- divieto di memorizzare automaticamente le credenziali di accesso alla casella di posta **in qualunque postazione utilizzata per l'accesso**;

- se tecnicamente possibile (es. server di posta proprietario), imporre limitazioni sulla complessitá minima per la password (es. mediante algoritmo di calcolo della complessitá e accettazione della password solo se questa supera un certo livello di complessitá);

- utilizzo di inoltro e/o riposta automatici cosí da limitare l'occorrenza della causa 5 a casi davvero eccezionali e, di conseguenza, abbassarne notevolmente la probabilitá di occorrenza;

- utilizzo di meccanismo di logout automatico dall'account di posta se si riscontra inattivitá da parte dell'utente per un determinato periodo di tempo (5 minuti potrebbe essere un valore di tempo accettabile);

- utilizzo di meccanismo di autenticazione con verifica delle credenziali a doppia componente, mediante l'inserimento prima della password personale e successivamente di un codice numerico casuale generato mediante dispositivo (si pensi ad esempio al generatore OTP[2] fornito dalle banche in associazione alle carte di pagamento) o applicazione, come ad esempio l'applicazione per smartphone Android chiamata Google Authenticator, la quale collega la generazione delle OTP ad un determinato account (es. Gmail, Dropbox).

4.2.1.5 Livello di rischio mitigato

Una volta implementate le misure esposte nel precedente paragrafo, i livelli di rischio calcolati nella sezione 4.2.1.1 si abbassano notevolmente, come si evince dalla tabella 4.4, che riporta i valori di rischio calcolati a seguito dell'implementazione delle azioni di mitigazione proposte.

Causa	Probabilitá di occorrenza	Conseguenze	Livello di rischio
1	L	1:M 2:H	L
2	L	1:M 2:H	L
3	L	1:M 2:H	L
4	M	1:M 2:H	M
5	L	1:M 2:H	L

Tabella 4.4: Violazione casella di posta elettronica: livelli di rischio mitigati.

Come indicato in tabella, l'unico livello di rischio associato all'occorrenza delle cause che ha mantenuto un livello M é quello relativo alla causa 4, *"Password banale"*, poiché anche se il sistema imponesse dei vincoli sulla password, questa potrebbe comunque risultare banale. Si pensi ad esempio

---

[2]OTP - One Time Password: password che é valida solo per una singola sessione di accesso o una transazione.

all'utilizzo di una parola molto lunga (es 7-8 caratteri), contenuta peró all'interno di un dizionario e che contenga un solo numero agli estremi. Una password di questo tipo risulta essere comunque piú robusta di una password breve, ma meno robusta di una password dello stesso numero di caratteri contenente numeri, lettere (maiuscole e minuscole) e caratteri speciali.

4.2.2   Trattamento del reperto informatico

In questo caso possiamo distinguere due reperti informatici, presupponendo di aver giá implementato le misure di mitigazione descritte nei precedenti paragrafi e di aver ottenuto il reperto informatico mediante la metodologia esposta nella sezione 4.7:

1. copia forense del disco del personal computer del dipendente;

2. file di log contenenti attivitá dell'utente sul server di posta;

Nel primo caso, la costruzione di una timeline delle attivitá all'interno del personal computer, con particolare focus sulle attivitá compiute dall'utente sul client di posta o sul browser possono essere utili per risalire alla causa che ha permesso l'accesso abusivo alla casella di posta ed eventualmente (nel caso di utilizzo del client) comprendere le azioni dell'utente al fine di individuare, ad esempio, l'inoltro di informazioni riservate a persone esterne all'azienda. Nel secondo caso, l'analisi dei file di log risulta molto utile per comprendere le attivitá effettuate dall'utente sul server di posta quando ad esempio non é stato possibile risalire alla postazione da cui si é collegato.

4.3   Sottrazione di dati relativi a proprietá industriale

Il reato di sottrazione di dati cosí definito, a differenza degli altri menzionati finora, non viene annoverato né all'interno del codice civile, in quanto il dato digitale non rientra nella categoria di beni mobili (cfr Artt. 810 e

814), né all'interno del codice penale, in quanto l'Art 624 "Furto" indica che [..] *"Agli effetti della legge penale, si considera cosa mobile anche l'energia elettrica e ogni altra energia che abbia un valore economico."*[14]. Una tesi intermedia consiste nel considerare i dati come contenuti all'interno del supporto, quindi applicare il reato di furto a tale supporto e non al dato in sé.

Secondo il Codice della proprietá industriale[15], *"l'espressione proprietá industriale comprende marchi ed altri segni distintivi, indicazioni geografiche, denominazioni di origine, disegni e modelli, invenzioni, modelli di utilitá, topografie dei prodotti a semiconduttori, informazioni aziendali riservate e nuove varietá vegetali"*.

In questo caso l'analisi di rischio é stata distinta per due differenti situazioni che possono verificarsi: la sottrazione di dati da parte di dipendenti o collaboratori interni all'azienda e la sottrazione da parte di soggetti esterni.

4.3.1 Sottrazione operata da dipendenti o collaboratori interni

In questa sezione viene effettuata l'analisi di rischio relativa alla sottrazione di dati che viene operata da dipendenti o collaboratori interni all'azienda. Per collaboratore interno si intende un soggetto impiegato presso una azienda esterna che fornisce servizi di vario tipo (es. consulenza, pulizie, manutenzione) e che quindi non risulta impiegato direttamente all'interno dell'azienda che usufruisce di tali servizi, ma tale impiego risulta possibile mediante contratto di lavoro tra l'azienda fornitrice e l'azienda cliente.

4.3.1.1 Analisi di rischio

4.3.1.1.1 Cause

1. mancanza di supervisione dei collaboratori interni;

2. mancanza di sistemi di controllo di accesso (fisico e logico) ai sistemi e/o ai locali contenenti dati classificati come proprietari;

3. possibilitá di accesso alla rete aziendale e ai sistemi senza specifici livelli di autorizzazione definiti, si pensi alla possibilitá di accesso a dati confidenziali da parte dei collaboratori interni;

4. mancato controllo in ingresso e in uscita dei sistemi in possesso dei dipendenti;

5. mancato monitoraggio dell'utilizzo di supporti rimovibili per il trasferimento di informazioni;

6. mancato divieto di accesso a piattaforme di file hosting/sharing (come ad esempio Drobpox, Google Drive);

7. recupero di dispositivi o informazioni impropriamente smaltiti;

8. intercettazione delle comunicazioni all'interno della rete aziendale;

9. errata configurazione dei livelli di autorizzazione (ad es. impiegato che accede ad informazioni confidenziali su accordi finanziari);

10. mansioni e/o aree di responsabilitá non correttamente definite, che potrebbero indurre all'errata autorizzazione all'accesso ai dati;

11. mancanza o insufficienza di procedure per mantenere in ordine la postazione di lavoro (scrivania e computer).

4.3.1.1.2 Conseguenze

Le conseguenze di tali vulnerabilitá riguardano principalmente l'accesso di tali dati da parte di persone non autorizzate che potrebbero utilizzarli per diversi scopi. Riassumiamo di seguito le conseguenze di maggior rilievo:

1. furto di progetti in via di sviluppo, che potrebbero venir copiati e completati da una azienda concorrente, che otterrebbe quindi un vantaggio competitivo;

2. esposizione dell'azienda a ricatti da parte del dipendente/collaboratore interno, che potrebbe esigere dei benefici personali o economici per la restituzione/distruzione dei dati di cui é in possesso;

3. danno di immagine per l'azienda.

4.3.1.1.3   Livello di rischio calcolato

La tabella 4.5 riporta il livello di rischio calcolato in base alla probabilitá di occorrenza di ogni singola causa e alle relative conseguenze.

Causa	Probabilitá di occorrenza	Conseguenze	Livello di rischio
1	H	1÷3:H	H
2	L	1÷3:H	L
3	L	1÷3:H	L
4	M	1÷3:H	M
5	H	1÷3:H	H
6	H	1÷3:H	H
7	H	1÷3:H	H
8	L	1÷3:H	L
9	M	1÷3:H	M
10	M	1÷3:H	M
11	H	1÷3:H	H

Tabella 4.5: Sottrazione di dati operata da dipendenti o collaboratori interni: livelli di rischio stimati.

In particolare, le cause numero 1, 5, 6, 7 e 11 sono caratterizzate da una probabilitá di occorrenza di livello alto, a causa della elevata probabilitá di carenze nell'organizzazione aziendale nella gestione di questi aspetti. Le cause numero 4, 9 e 10 sono caratterizzate invece da una probabilitá di occorrenza di livello medio dato che normalmente una azienda di tipo strutturato possiede un livello tale di organizzazione per cui tali cause sono meno probabili rispetto a quelle indicate precedentemente.

Infine, le cause numero 2, 3 e 8 sono state associate alla minore probabilitá di occorrenza poiché una azienda che definisca rigide norme di sicurezza sulla base degli standard della serie 27000 sicuramente terrá in considerazione questo tipo di vulnerabilitá, il cui contrasto rappresenta la base per garantire una infrastruttura sicura.

4.3.1.1.4 Azioni atte a mitigare il livello di rischio calcolato

Per poter mitigare i livelli di rischio individuati nel precedente paragrafo occorre sostanzialmente ridurre la probabilitá di occorrenza delle cause individuate. In particolare é necessario:

- procedurare la supervisione dei collaboratori interni (un collaboratore deve essere sempre accompagnato o supervisionato da un dipendente);

- tutti i locali e i sistemi devono essere dotati di un sistema di controllo di accesso (protezione da password, accesso mediante badge, sistema di videosorveglianza);

- l'accesso alla rete aziendale va vietato ai collaboratori interni, o puó essere permesso mediante specifico sistema di livelli di autorizzazione. Per quanto concerne i dipendenti invece, l'accesso alle informazioni va regolato in modo tale che ogni dipendente sia autorizzato esclusivamente all'accesso a dati inerenti la sua mansione lavorativa;

- controllo in ingresso ed in uscita, mediante addetti alla sicurezza, di eventuali dispositivi non autorizzati in possesso del dipendente (Es. Hard disk esterno, pen drive);

- monitoraggio continuo dell'avvenuta copia di informazioni su dispositivi rimovibili. All'interno del Capitolo 5 viene presentato uno strumento sviluppato per questo scopo;

- utilizzo di sistema proxy aziendale per negare l'accesso a siti web che consentono la memorizzazione, anche temporanea, di file;

- procedurare accuratamente lo smaltimento di dispositivi o informazioni non piú utili (es. effettuare formattazione a piú passate dei supporti rimovibili non piú utili);

- definire correttamente ruoli e responsabilitá per ogni dipendente/collaboratore, cosí da consentire l'accesso a quest'ultimo solo alle informazioni realmente necessarie per la sua mansione lavorativa;

- istruire i dipendenti al mantenimento in ordine e in sicurezza della scrivania e della postazione pc (Es. Utilizzo della metodologia 6S[16], logout quando ci si allontana dalla postazione di lavoro, tenere il desktop in ordine).

4.3.1.1.5   Livello di rischio mitigato

Una volta implementate le misure descritte nel precedente paragrafo, i livelli di rischio calcolati nella sezione 4.3.1.1.3 si abbassano notevolmente, come si evince dalla tabella 4.6, che riporta i valori di rischio calcolati a seguito dell'implementazione delle azioni di mitigazione proposte.

Come indicato in tabella, gli unici livelli di rischio associati all'occorrenza delle cause che hanno mantenuto un livello M sono quelli relativi alle cause numero 4 e 11, che sono piú soggette ad errori umani, nonostante l'azienda ponga in essere le misure di mitigazione suggerite.

Tutti gli altri livelli di rischio, invece, si abbassano del tutto fino al livello L.

4.3.1.2   Trattamento del reperto informatico

In questo caso possiamo distinguere quattro reperti informatici, presupponendo di aver giá implementato le misure di mitigazione descritte nei precedenti paragrafi e di aver ottenuto il reperto informatico mediante la metodologia esposta nella sezione 4.7:

Causa	Probabilitá di occorrenza	Conseguenze	Livello di rischio
1	L	1÷3:H	L
2	L	1÷3:H	L
3	L	1÷3:H	L
4	M	1÷3:H	M
5	L	1÷3:H	L
6	L	1÷3:H	L
7	L	1÷3:H	L
8	L	1÷3:H	L
9	L	1÷3:H	L
10	L	1÷3:H	L
11	M	1÷3:H	M

Tabella 4.6: Sottrazione di dati operata da dipendenti o collaboratori interni: livelli di rischio mitigati.

1. copia forense del dispositivo (Es disco del dipendente o dispositivo smaltito);

2. file di log contenenti attivitá degli utenti sul server (Es. accesso a cartelle condivise, copia di file);

3. file di log degli accessi ottenuto dal sistema di lettore badge;

4. filmato di videosorveglianza della stanza in cui risiede il sistema.

Nel primo caso, la costruzione di una timeline delle operazioni effettuate sul dispositivo, con particolare focus sul periodo di tempo indicato in fase di segnalazione, unito all'analisi del filmato di videosorveglianza puó portare all'individuazione del soggetto che ha compiuto tali azioni e dei dati che sono stati visionati/prelevati dal sistema.

Nel secondo caso, l'analisi dei file di log risulta molto utile per capire chi ha visionato specifici insiemi di dati e se ne ha effettuato una copia, cosí da risalire all'utente ed operare in seguito sul suo personal computer alla ricerca di eventuali tracce.

Nel terzo caso, tale reperto é utile, insieme al quarto, per capire chi ha avuto accesso a quale stanza (Es. ufficio, stanza smaltimento) e in quale esatto momento.

Il quarto reperto servirá anche a dare un volto alla persona (poiché il badge potrebbe essere stato sottratto al proprietario, quindi da solo non fornisce prova certa).

4.3.2   Sottrazione operata da soggetti esterni

Questo caso puó essere considerato come conseguenza di un accesso abusivo ad un sistema contenente dati di proprietá industriale, di una violazione di casella di posta elettronica, di un furto di sistema informatico aziendale. Per tali motivi l'analisi di rischio relativa a questo caso si puó considerare come giá effettuata all'interno degli altri casi presi in esame.

Si vedano le sezioni 4.1.1.1, 4.2.1.1, 4.4.1.1 per le rispettive analisi di rischio e le successive sezioni per l'analisi di conseguenze, azioni di mitigazione, rischi mitigati calcolati e trattamento dei reperti informatici.

4.4   Furto di sistemi informatici

In questo specifico caso del modello preso in esame vengono considerati come "sistemi informatici" i dispositivi forniti dall'azienda al proprio dipendente al fine di permetterne l'esecuzione dell'attivitá lavorativa, come ad esempio notebook aziendale ed eventualmente anche il cellulare, utile per garantire la reperibilitá del dipendente ad esempio in situazioni di emergenza. Tale reato rientra all'interno della definizione di furto, che é sanzionato ai sensi dell'Art.624 c.p.[14], secondo cui *"Chiunque s'impossessa della cosa mobile altrui, sottraendola a chi la detiene, al fine di trarne profitto per sé o per altri, è punito con la reclusione[..]"*.

4.4.1 Analisi di rischio

4.4.1.1 Cause

1. incuria del dipendente;

2. furto domestico o durante viaggio/trasferta del dipendente;

3. mancanza o insufficienza di adeguate procedure per il mantenimento in condizione sicura dei dispositivi assegnati.

4.4.1.2 Conseguenze

Le principali conseguenze del furto di dispositivi aziendali si possono riassumere in:

1. esposizione di segreti aziendali/industriali: si pensi a documentazione contenuta all'interno del dispositivo e classificata come *Business only* o *Confidential*;

2. impossibilitá o difficoltá nell'esecuzione delle attivitá lavorative da parte del dipendente;

3. possibile danno economico per l'azienda, che deve fornire al dipendente un dispositivo in sostituzione di quello sottratto. Tale danno potrebbe essere a carico del dipendente in alcune situazioni, come ad esempio nel caso 1 esposto nella sezione 4.4.1.1.

4.4.1.3 Livello di rischio calcolato

La tabella 4.7 riporta il livello di rischio calcolato in base alla probabilitá di occorrenza di ogni singola causa e alle relative conseguenze.

In particolare, le cause numero 1 e 2 sono associate ad una probabilitá di occorrenza di livello alto poiché vengono causate da errore umano (disattenzione o mancata cura), mentre alla causa numero 3 viene attribuito un livello di rischio medio poiché una azienda che rispetti gli standard della serie 27000, compresi quelli su cui questo lavoro si basa, dovrebbe costruire un

Causa	Probabilitá di occorrenza	Conseguenze	Livello di rischio
1	H	1:H 2÷3:M	H
2	H	1:H 2÷3:M	H
3	M	1:H 2÷3:M	M

Tabella 4.7: Furto di sistemi informatici: livelli di rischio stimati.

insieme di procedure che consentano la protezione di tali dispositivi, come ad esempio specificato nella sezione 6.2.1 "Mobile device policy" contenuta nello standard ISO/IEC 27002[17], in cui vengono indicati i requisiti che una policy relativa alla protezione dei dispositivi aziendali (utilizzati all'esterno dell'azienda) deve contenere come minimo.

4.4.1.4 Azioni atte a mitigare il livello di rischio calcolato

Per poter mitigare i livelli di rischio individuati nel precedente paragrafo occorre sostanzialmente incrementare il livello di attenzione del dipendente nei confronti dei dispositivi ad esso affidati, mediante l'utilizzo di adeguate procedure e misure di sicurezza. In particolare é necessario:

- protezione fisica dei dispositivi (es. messa in sicurezza all'interno di cassaforte del dispositivo quando ci si allontana dalla stanza d'albergo, utilizzo del cavo antifurto di tipo Kensington[3]);

- utilizzo di sistema di controllo di accesso, che nel caso di controllo di accesso alla rete aziendale deve essere notevolmente complesso, come ad esempio autenticazione alla VPN con utilizzo di certificato al posto della (meno sicura) password;

---

[3]cavo Kensington: cavo antifurto che viene assicurato mediante apposita chiave all'omonimo foro, invenzione brevettata originariamente dalla Kensington Technology Group, da cui il nome deriva.

- utilizzo di tecniche di cifratura (come ad esempio BitLocker[4]);

- utilizzo di sistema di backup centralizzato, cosí da permettere la disponibilitá dei documenti utili al lavoro del dipendente anche in seguito al furto;

- predisposizione di meccanismo di blocco/disabilitazione del dispositivo con relativa eliminazione dei dati contenuti all'interno utilizzabile da remoto.

4.4.1.5 Livello di rischio mitigato

Una volta implementate le misure indicate nel precedente paragrafo, i livelli di rischio calcolati nella sezione 4.4.1.1 si abbassano notevolmente, come si evince dalla tabella 4.8, che riporta i valori di rischio calcolati a seguito dell'implementazione delle azioni di mitigazione proposte.

Causa	Probabilitá di occorrenza	Conseguenze	Livello di rischio
1	L	1:H 2÷3:M	L
2	L	1:H 2÷3:M	L
3	M	1:H 2÷3:M	M

Tabella 4.8: Furto di sistemi informatici: livelli di rischio mitigati.

In particolare, per le cause 1 e 2, avendo procedurato e gestito in via preventiva misure atte ad abbassare la loro probabilitá di occorrenza ed implementato una serie di misure tecniche preventive per evitare il verificarsi di conseguenze indesiderate, entrambe i livelli di rischio associati alla probabilitá di occorrenza scendono da H a L, cosí da ottenere un livello di rischio finale calcolato

---

[4]BitLocker[18]: funzionalitá di protezione dati disponibile a partire da Windows Vista, nelle versioni Ultimate ed Enterprise. Mediante Bitlocker, che utilizza l'algoritmo di crittografia AES a 128 o 256 bit, viene cifrato l'intero contenuto del volume protetto, inclusi file di sistema, utente, paging e ibernazione.

di livello L. Per la causa 3 non ci sono invece cambiamenti in virtú di quanto esposto nella sezione "Livello di rischio calcolato" per tale situazione.

4.4.2   Trattamento del reperto informatico

In questo caso possiamo distinguere tre reperti informatici, presupponendo di aver giá implementato le misure di mitigazione descritte nei precedenti paragrafi e di aver ottenuto il reperto informatico mediante la metodologia esposta nella sezione 4.7:

1. analisi di eventuali file di log contenenti attivitá degli utenti sul server, nel caso in cui ci si renda conto che siano riusciti ad accedere alla rete aziendale utilizzando i dispositivi oggetto di furto;

2. tracciato degli spostamenti del cellulare ed elenco delle chiamate effettuate/ricevute successivamente al furto (mediante collaborazione con il provider telefonico). Nel caso in cui anche il notebook fosse dotato di connessione GSM le considerazioni fatte valgono anche per il notebook;

3. copia forense del dispositivo recuperato (sia esso il personal computer o il cellulare) ed ulteriori investigazioni secondo necessitá.

Nel primo caso, l'analisi dei file di log risulta molto utile per capire chi si é introdotto (tracciare la connessione) e a quali file ha avuto accesso.
Nel secondo caso, l'analisi di tali tracciati puó essere utile a rintracciare chi ha perpetrato il furto e recuperare il dispositivo;
Nel terzo caso, la costruzione di una timeline delle operazioni effettuate con il personal computer o il cellulare puó essere utile per capire se sono stati letti/copiati file critici per il business aziendale, o ricostruire le operazioni effettuate da chi deteneva i dispositivi.

4.5   Scoperta e notifica degli eventi

All'interno di un sistema di gestione degli incidenti di sicurezza, si entra nella fase di scoperta e notifica di un evento di sicurezza informatica nel momento in cui viene riscontrata e comunicata l'occorrenza di un evento di sicurezza o la scoperta di una vulnerabilitá all'interno dei sistemi in uso. Tale scoperta puó avvenire mediante il supporto di sistemi di monitoraggio, alcuni dei quali sono stati proposti nella fase di analisi di rischi esposta nella precedente sezione, o da personale direttamente o indirettamente coinvolto nell'utilizzo dei sistemi, come ad esempio:

- notifiche provenienti da sistemi di monitoraggio (Es. antivirus, sistema di monitoraggio della rete, analisi di file di log di sistemi o server);

- notifiche da parte degli utilizzatori dei sistemi;

- informative provenienti da enti esterni, come ISP[5], fornitori o servizi che forniscono consulenza di sicurezza informatica;

- responsabili della sicurezza;

- dipartimento IT interno all'azienda;

- clienti;

- siti web di pubblica informazione (es. blog sulla sicurezza);

- mezzi di informazione di massa (tv, giornali).

La persona (aiutata o meno dagli strumenti automatici) che nota un evento di sicurezza informatica é tenuto a segnalarlo tempestivamente al PoC[6].

---

[5]ISP - Internet Service Provider: Fornitori di servizi di connessione alla rete, come ad esempio Telecom o Fastweb.

[6]PoC - Point of contact: persona/e di riferimento che devono garantire la reperibilitá H24 e che hanno l'incarico di valutare tutte le segnalazioni di eventi di sicurezza pervenute. Tale figura fa parte, assieme all'ISIRT, dell'insieme di risorse coinvolte in un sistema di gestione degli eventi di sicurezza secondo lo standard 27035.

Per fare ció occorre che chi segnala raccolga il maggior numero possibile di informazioni in merito all'evento osservato e compili un apposito modulo di segnalazione evento, che verrá quindi preso in esame dal PoC durante la fase di valutazione.

4.5.1 Modulo di segnalazione evento

Il modulo utilizzato per segnalare l'evento al PoC dovrebbe contenere come minimo le seguenti informazioni, indispensabili per poter effettuare l'analisi:

- data e ora della scoperta;

- osservazioni;

- informazioni di contatto, utili nel caso in cui il PoC debba richiedere chiarimenti alla persona che ha compilato il modulo.

Un esempio di modulo di segnalazione evento di sicurezza é riportato in figura 4.1.

Come si evince dall'esempio di modulo, oltre alle informazioni "di base" da fornire é opportuno che la persona che vuole effettuare la segnalazione raccolga il maggior numero di informazioni disponibili in quel momento e le fornisca nel minor tempo possibile. In questo modo, le informazioni arrivano al PoC che, avendo a disposizione una panoramica quanto piú completa possibile, é in grado di effettuare la valutazione del problema avendo a disposizione tutte le informazioni utili. Nel caso in cui la persona che vuole segnalare un evento non sia confidente in merito a qualche dato da fornire, é preferibile comunque che fornisca la segnalazione (con una nota interna specificando che quei dettagli verranno forniti quanto prima) piuttosto che ritardarla, azione che potrebbe esporre l'azienda a rischi maggiori.

Tale modulo, infine, va consegnato in maniera sicura al PoC, inviando anche una copia al team ISIRT responsabile. Nel caso in cui la figura del

Segnalazione di evento di sicurezza

1. Data evento: _____

2. Numero evento: _____
3. Eventi collegati(indicare n° altri eventi collegati o N/A):

_____

4. Informazioni personali :
   a. Nome e cognome _____

   b. Indirizzo _____

   c. Organizzazione _____

   d. Dipartimento _____

   e. Telefono _____

   f. Indirizzo e-mail _____
5. Descrizione dell'evento di sicurezza:
   a. Cosa è successo:
   _____
   _____

   b. Come è successo:
   _____
   _____

   c. Perché è successo:
   _____
   _____

   d. Informazioni iniziali sui sistemi coinvolti:
   _____
   _____

   e. Vulnerabilità identificate:
   _____
6. Dettagli ulteriori sull'evento di sicurezza:
   a. Data e ora in cui è accaduto: _____
   b. Data e ora della scoperta: _____
   c. Data e ora della segnalazione: _____

Page 1 of 1

Figura 4.1: *Esempio di modulo di segnalazione eventi di sicurezza informatica.*

PoC non sia prevista nel sistema organizzativo aziendale, il modulo va inviato direttamente all'ISIRT, che procederá direttamente con la valutazione dell'evento.

4.6 Valutazione degli eventi

In questa fase il PoC, non appena riceve il modulo di segnalazione di evento di sicurezza, deve effettuare la sua valutazione per decidere se l'evento segnalato sia da considerare come un possibile (o giá concluso) evento di sicurezza o un falso allarme.

Se l'evento viene identificato come un falso allarme il PoC deve comunque completare il modulo consegnatogli in precedenza ed inviarne una copia all'ISIRT e alla persona che ha effettuato la segnalazione.

Se, invece, il PoC valuta tale evento come un incidente di sicurezza e possiede delle competenze adeguate, lui stesso potrebbe svolgere ulteriori azioni di analisi e approfondimento per individuare, ad esempio, ulteriori misure di controllo immediate. In ogni caso, l'incidente va segnalato all'ISIRT cosí che si possa procedere ad ulteriori valutazioni e decisioni da parte del team preposto allo svolgimento di tali attivitá.

Durante la sua valutazione il PoC deve reperire il maggior numero di informazioni possibile e completare il modulo di segnalazione di incidente di sicurezza informatica. In particolare, dovrebbe essere in grado di fornire le seguenti informazioni:

- **informazioni generali sull'incidente**: che tipo di incidente é, da chi o da che cosa é stato causato, su cosa potrebbe influire e cosa é stato fatto fin'ora per gestire tale incidente;

- **conseguenze dell'incidente**: bisogna valutare quale dei pilastri della sicurezza informatica é stato violato, quindi identificare se come conseguenza si sia ottenuto il rilascio o la modifica di informazioni senza autorizzazione, il ripudio di informazioni, la non disponibilitá di informazioni o servizi o la distruzione di informazioni o servizi.

Se l'incidente di sicurezza informatica venisse risolto in questa fase, il PoC dovrebbe completare il modulo inserendo tutte le azioni effettuate ed eventuali "lesson learned" ed inviare il modulo all'ISIRT per revisione ed archiviazione. Sebbene, in generale, la maggior parte delle situazioni normalmente implichi il passaggio di testimone all'ISIRT per la valutazione finale, vi possono essere dei casi in cui il PoC ritenga l'incidente particolarmente grave, per cui debba contattare direttamente la persona a capo dell'ISIRT e scalare la segnalazione all'unitá di crisi, che si occuperá del caso.

L'ISIRT, come anticipato, ha la responsabilitá di prendere la decisione finale in merito all'occorrenza o meno di un possibile incidente di sicurezza. Una volta ricevuto da parte del PoC il modulo, compilato in modo piú o meno dettagliato, la persona contattata deve rivederne il contenuto e raccogliere piú informazioni utili a valutare l'incidente, che puó essere ridotto a falso allarme o essere confermato.

Nel primo caso, si procede al completamento del modulo di incidente di sicurezza e all'invio di una copia alla persona che ha effettuato la segnalazione e alla persona in carica all'ISIRT.

Nel secondo caso, si rende necessaria una analisi dei seguenti aspetti dell'attacco in corso:

- Quanto il sistema/servizio é stato penetrato in profonditá e qual é il livello di controllo dell'attaccante su tale sistema;

- a che tipo di dati l'attaccante ha avuto accesso e con che livello (ad es. lettura, modifica, cancellazione);

- quali programmi sono stati alterati, copiati o distrutti;

- se vi sono state conseguenze dirette o indirette di tale attacco.

Una volta effettuata questa analisi, la gestione degli incidenti (inclusa la risposta immediata ed eventuali azioni aggiuntive) va prioritizzata a seconda della loro criticitá e degli impatti sull'azienda. Per la consultazione delle linee guida in merito alla categorizzazione degli eventi e delle conseguenze, non oggetto di questo lavoro, si rimanda agli allegati C e D di [1].

4.7   Raccolta del reperto informatico

Questa fase, come precedentemente accennato, é trasversale alle precedenti (*"Scoperta e notifica"*, *"Valutazione"*) e consiste nella raccolta di reperti che possono essere utilizzati in seguito per l'effettuazione di analisi forense sugli stessi, al fine di documentare il fenomeno verificatosi e poter perseguire i responsabili. Per poter rendere utilizzabili in sede processuale le prove estrapolate dai reperti é bene attenersi ad una serie di linee guida. Le fasi di analisi che portano alla raccolta di tali prove, accennate all'interno della sezione 1.2 sono:

1. identificazione;

2. raccolta;

3. acquisizione;

4. conservazione.

Nei successivi paragrafi vengono esposte in dettaglio le linee guida sulle attivitá da effettuare per ogni punto.

4.7.1   Identificazione

In fase di identificazione il DEFR deve:

- documentare marca, tipo e numero di serie di ogni supporto individuato. Inoltre, se i supporti risultano danneggiati esternamente, documentarne lo stato anche con l'ausilio di foto;

- identificare tutti i computer e il loro stato (acceso/spento), che deve rimanere inalterato:

    - stato acceso: documentare cosa sia visibile sullo schermo (effettuando anche foto) e inserirlo a verbale;

    - stato spento: non effettuare alcuna operazione sul dispositivo.

- Reperire i caricabatterie di dispositivi alimentati a batteria, per evitare che possano scaricarsi;

- utilizzare un rilevatore di segnali wireless per verificare la presenza di dispositivi nascosti;

- in determinate situazioni puó essere molto utile prendere in considerazione anche evidenze non digitali, come ad esempio informazioni sui dispositivi fornite da personale impiegato in azienda (ad esempio: scopo di utilizzo del dispositivo, password per l'accesso, ecc...);

Una volta terminata la fase di identificazione il DEFR, con gli strumenti in suo possesso, deve decidere se procedere con la raccolta o l'acquisizione. Per prendere tale decisione vanno presi in considerazione almeno questi fattori:

- volatilitá della possibile prova;

- esistenza di cifratura completa o parziale dei supporti (nel qual caso l'acquisizione dei dati volatili in RAM puó essere utile);

- criticitá del sistema (es. server che non puó essere spento poiché critico per il business aziendale);

- requisiti legali;

- risorse necessarie (ad es. quantitativo di spazio necessario o disponibilitá del personale).

4.7.2 Raccolta

Nel caso in cui si opti per la raccolta dei dispositivi, la modalitá di esecuzione della stessa dipende dallo stato in cui si trova il sistema.

4.7.2.1 Sistema trovato acceso

Nel caso in cui il sistema venga trovato acceso, vanno prese in considerazione le seguenti attivitá:

- acquisire i dati volatili del dispositivo prima di spegnerlo, cosí da poter avere a disposizione eventuali chiavi di crifratura residenti in memoria. Nel caso in cui si sospetti la presenza di meccanismi di cifratura conviene procedere in seguito con acquisizione logica;

- nel caso in cui si voglia lasciare il dispositivo acceso (ad esempio per presenza confermata di meccanismi di cifratura), bisogna prestare particolare cura durante il trasporto (raffreddamento, protezione da shock);

- nel caso in cui si decida di spegnere il dispositivo, valutare se sia il caso di effettuarlo mediante regolare procedura di spegnimento o staccando il cavo di alimentazione (rimuovendo prima l'estremitá attaccata al dispositivo e poi quella attaccata alla presa). Normalmente tale decisione dipende dalla configurazione del sistema;

- etichettare e staccare tutti i cavi dal sistema. Etichettare tutte le porte cosi che lo stato del sistema possa essere ricostruito in laboratorio;

- proteggere il tasto di accensione, onde evitare una accensione casuale del dispositivo;

- infine, nel caso tale dispositivo sia un notebook, acquisire i dati volatili prima di rimuovere batteria e successivamente il cavo di alimentazione. Mettere in sicurezza anche eventuali alloggiamenti per floppy disk, cd/dvd utilizzando del nastro.

4.7.2.2 Sistema trovato spento

Nel caso in cui il sistema venga trovato spento, vanno prese in considerazione le seguenti attivitá:

- assicurarsi che il dispositivo sia effettivamente spento e non in standby;

- rimuovere il cavo di alimentazione, staccando prima l'estremitá connessa al dispositivo e poi quella a muro;

- disconnettere e assicurare tutti i cavi connessi al dispositivo ed etichettare le relative porte a cui sono connessi, cosí da ricostruire le connessioni in seguito;

- proteggere il tasto di accensione, onde evitare accensione casuale del dispositivo;

- mettere in sicurezza eventuali alloggiamenti per floppy disk, cd/dvd con del nastro per evitare apertura/espulsione del contenuto.

4.7.3 Acquisizione

Nel caso in cui si opti per l'acquisizione dei dispositivi, la modalitá di esecuzione della stessa dipende, allo stesso modo della raccolta (le cui attivitá sono elencate nella precedente sezione), dallo stato in cui si trova il sistema.

4.7.3.1 Sistema trovato acceso

Nel caso in cui il sistema venga trovato acceso, vanno prese in considerazione le seguenti attivitá:

- acquisire tutti i dati volatili che verrebbero persi se il dispositivo venisse spento (es. RAM, processi in esecuzione, connessioni di rete, impostazioni di data ed ora). Per effettuare l'acquisizione é consigliabile riversare i dati copiati in un contenitore logico, calcolarne l'hash e documentarne il valore. Ove ció non sia fattibile é possibile utilizzare un contenitore di tipo ZIP, calcolarne l'hash e documentarlo;

- iniziare il processo di copia forense dei dati non volatili utilizzando strumenti validati. La copia forense ottenuta va memorizzata in un dispositivo preparato per tale scopo (es. Formattato). Se la copia viene invece memorizzata in un contenitore logico bisogna assicurarsi che questa non possa essere corrotta o danneggiata. Al termine del processo di copia calcolare e annotare il valore di hash;

- utilizzare una sorgente affidabile per documentare data e ora e documentare accuratamente inizio e fine di oggi attivitá.

4.7.3.2 Sistema trovato spento

Nel caso in cui il sistema venga trovato spento, vanno prese in considerazione le seguenti attivitá:

- assicurarsi che il sistema sia davvero spento;

- rimuovere il supporto di memoria dal dispositivo spento (se non giá fatto), ed etichettarlo accuratamente (es. Produttore, modello, numero di serie);

- eseguire la copia forense del supporto di memoria utilizzando un tool validato. Calcolarne il valore di hash al termine.

4.7.3.3 Sistemi critici

Un caso particolare nella fase di acquisizione si ha quando ci si trova davanti ad un sistema critico, per cui per svariate ragioni non é possibile procedere all'acquisizione completa dei dati contenuti all'interno del sistema. Alcuni esempi di tali sistemi sono data center, sistemi di sorveglianza o sistemi medici. In tali situazioni vi sono due sole possibili alternative di acquisizione:

- acquisizione live (vedi sezione 4.7.3.1);

- acquisizione parziale.

L'acquisizione parziale, in particolare, si rende necessaria al posto di quella live in situazioni molto particolari, come ad esempio:

- il sistema di cui si vogliono acquisire i dati ha una capacitá di memoria notevolmente grande, contenendo quindi una mole notevole di dati (si pensi ai database server);

- il sistema, a causa della sua criticitá, non puó essere spento;

- solo alcuni dati sono rilevanti all'interno del sistema;

- vi sono dei vincoli legali che consentono solo l'acquisizione di alcuni dati.

In questi casi per poter effettuare una acquisizione parziale bisogna identificare file, cartelle e altre informazioni rilevanti che é necessario acquisire ed effettuare quindi una acquisizione logica (a livello di file) delle sole informazioni identificate.

4.7.4 Conservazione

Al termine della fase di acquisizione bisogna "sigillare" i dati acquisiti utilizzando l'impronta di hash con l'eventuale aggiunta dell'utilizzo di firma digitale (per associare l'operazione al DEFR) per dimostrare che la copia ottenuta sia identica all'originale. In aggiunta, bisogna garantire che sia preservata la confidenzialitá, l'integritá e la disponibilitá della potenziale prova, con i dovuti accorgimenti. La potenziale prova, infatti, va preservata sia durante il trasporto che lo stoccaggio, che potrebbe superare il suo tempo di vita a seconda della giurisdizione in cui si opera.

4.7.5 Caso particolare: sistema di videosorveglianza

L'analisi di un sistema di videosorveglianza merita una sezione a parte in quanto richiede una procedura diversa per acquisizione o raccolta rispetto a quelle elencate nei precedenti paragrafi, dovuta alla particolaritá di tale sistema. Per ottenere dati rilevanti ai fini di indagine da un sistema CCTV[7] bisogna innanzitutto:

---

[7]CCTV: Acronimo per Closed Circuit Television - Sistema di sorveglianza a circuito chiuso.

- determinare se il sistema ha documentato la sequenza video di interesse, verificando l'intervallo temporale di interesse e documentando eventuali disallineamenti di orario rispetto ad una fonte certa;

- determinare la capienza dei supporti di archiviazione di tale sistema. Normalmente questi sistemi sono configurati in modo tale da sovrascrivere le precedenti registrazioni dopo un determinato intervallo di tempo. Bisogna evitare che le informazioni utili all'indagine vadano perse per questo motivo;

- acquisire le registrazioni effettuate da tutte le telecamere durante l'intervallo di tempo individuato. Queste potrebbero fornire informazioni aggiuntive in sede di investigazione. Per facilitare l'operazione risulta utile annotare le informazioni di tutte le telecamere connesse al sistema e il loro stato operativo.

Le possibili opzioni per effettuare l'acquisizione di un filmato di videosorveglianza sono le seguenti:

- acquisire le sequenze video esportandole in CD/DVD/ Blue-ray, cosa che risulta essere non pratica se il file é di notevoli dimensioni;

- effettuare l'esportazione del file video in un dispositivo di memorizzazione esterno (es. hard disk);

- acquisire il video mediante connessione di rete. Ció é possibile solo se il sistema é dotato di porta per connessione di rete;

- utilizzare la funzionalitá di esportazione del video in altri formati (es. MPEG o AVI), ottenendo una versione compressa del video originale. Questa soluzione dovrebbe essere adottata solo come ultima risorsa, in quanto la compressione potrebbe causare la perdita di informazioni rilevanti per le indagini all'interno delle immagini. Non é infatti raccomandabile affidarsi a dati compressi per l'investigazione, se i dati originali esistono e sono disponibili per l'analisi;

- nel caso in cui non fosse possibile o pratico effettuare l'acquisizione direttamente sulla scena, il DEFR dovrebbe raccogliere il supporto di memorizzazione del sistema, sostituendolo con uno vuoto, dopo aver valutato tutti i rischi connessi a tale operazione.

Una volta completata l'acquisizione bisogna verificare di aver acquisito il giusto file o la giusta porzione di sequenza video e verificare che tale file sia riproducibile su altri sistemi utilizzando un riproduttore video.

Conclusioni

In conclusione questo lavoro fornisce una metodologia di risposta agli incidenti informatici, basandosi su una analisi di rischio effettuata per casi. Tale analisi mira a caratterizzare e mitigare i rischi connessi all'occorrenza di determinate cause che concorrono al verificarsi del caso preso in esame. Una volta analizzate le cause, forniti degli strumenti di mitigazione e calcolati i rischi residui, vengono descritte delle linee guida per segnalare, valutare e rispondere all'occorrenza di un evento di sicurezza informatica. Nell'ambito di questo lavoro la risposta all'occorrenza di un evento di sicurezza informatica consiste nella raccolta di reperti informatici, in modo da renderli utilizzabili in sede processuale, e nel suggerire i tipi di reperto su cui focalizzarsi a seconda del caso preso in esame.

Va comunque precisato che i casi definiti e analizzati sono da ritenersi puramente generici e di riferimento e che, a seconda della realtá aziendale e degli effettivi rischi e/o necessitá, la valutazione andrebbe calibrata in maniera opportuna per rispondere alle differenti esigenze.

Tutte le attivitá illustrate, basate prevalentemente sugli standard ISO/IEC 27035 e 27037, non possono comunque prescindere dall'ordinamento giuridico italiano, per cui all'interno del lavoro sono state integrate le normative che regolano i casi presi in esame e la privacy, fattore da tenere in seria considerazione durante tutte le fasi di gestione di un incidente informatico.

Sviluppi futuri

Il presente lavoro nasce come idea di base per un modello piú completo, che puó essere integrato in futuro con altri casi all'interno del Capitolo 4, o con altri standard della serie 27000. Sono infatti in via di sviluppo numerosi standard per la gestione delle prove che, una volta raggiunta la versione definitiva, possono essere integrati per aumentare la profonditá del lavoro, aggiungendo argomenti come:

- *"Guidelines on assuring suitability and adequacy of incident investigative methods"* - ISO/IEC 27041, attualmente in bozza;

- *"Guidelines for the analysis and interpretation of digital evidence"* - ISO/IEC 27042, attualmente in bozza;

- *"Incident investigation principles and processes"* - ISO/IEC 27043, attualmente in bozza finale;

- *"Electronic discovery "* - ISO/IEC 27050, attualmente in bozza.

Gli standard appena menzionati formeranno un pacchetto, insieme al 27037, che avrá lo scopo di promuovere buone metodologie e processi standard per l'acquisizione e l'investigazione forense di prove digitali.

Bibliografia

[1] ISO/IEC 27035:2011, *Information security incident management*, http://www.iso.org/iso/catalogue_detail?csnumber=44379, 06-02-2014.

[2] ISO/IEC 27037:2012, *Guidelines for identification, collection, acquisition, and preservation of digital evidence*, http://www.iso.org/iso/catalogue_detail?csnumber=44381, 06-01-2014.

[3] A.Ghirardini - G.Faggioli, *Computer Forensics*, Apogeo, Seconda Edizione (2009), p.1

[4] D.Lgs. 30 Giugno 2003 n° 196, *Codice in materia di protezione dei dati personali*, http://www.parlamento.it/parlam/leggi/deleghe/03196dl.htm, 11-01-2014.

[5] Allegato B al D.Lgs. 30 Giugno 2003 n° 196, *Disciplinare tecnico in materia di misure minime di sicurezza*, http://www.parlamento.it/parlam/leggi/deleghe/03196dl3.htm#ALLEGATO%20B, 11-01-2014.

[6] Garante per la protezione dei dati personali - Provvedimento dell' 11/06/2004, *Guida operativa per redigere il documento programmatico sulla sicurezza*, http://www.privacy.it/garanteprovv20040611.html, 18-01-2014.

[7] D. Lgs. 9 Aprile 2008 n° 81 , *Attuazione dell'articolo 1 della legge 3 Agosto 2007, n° 123, in materia di tutela della salute e della sicurezza nei luoghi di lavoro*, http://www.lavoro.gov.it/SicurezzaLavoro/

Documents/TU%2081-08%20-%20Ed.%20Dicembre%202013.pdf, 18-01-2014.

[8] ISO/IEC 27035:2011, *Information security incident management*, http://www.iso.org/iso/catalogue_detail?csnumber=44379, definizione n° 3.4, 22-01-2014.

[9] ISO/IEC 27035:2011, *Information security incident management*, http://www.iso.org/iso/catalogue_detail?csnumber=44379, definizione n° 3.3, 22-01-2014.

[10] ISO/IEC 27005:2011, *Information security risk management*, http://www.iso.org/iso/catalogue_detail?csnumber=56742, par. n° 8.3.1 (a) e (b) pag. 17 , 11-02-2014.

[11] Art. 615-ter cp, *Accesso abusivo ad un sistema informatico o telematico*, http://www.altalex.com/index.php?idnot=36774#art615ter, 02-06-2014.

[12] CLUSIT, *Rapporto CLUSIT 2014 sulla sicurezza ICT in Italia*, http://clusit.it/rapportoclusit, 04-06-2014.

[13] Art. 616 cp, *Violazione, sottrazione e soppressione di corrisponden-za*, http://www.altalex.com/index.php?idnot=36774#art616, 05-06-2014.

[14] Art. 624 cp, *Furto*, http://www.altalex.com/index.php?idnot=36775, 10-06-2014.

[15] Codice della proprietá industriale Articolo 1, *Diritti di proprietá industriale*, http://www.altalex.com/index.php?idnot=8075#capo1, 14-06-2014.

[16] 6S, *Sort, Stabilize, Shine, Standardize, Sustain, Safety*, http://www.vitalentusa.com/learn/6s_article.php, 15-06-2014.

[17] ISO/IEC 27002:2013, *Code of practice for information securi-ty controls*, http://www.iso.org/iso/catalogue_detail?csnumber= 54533,10-06-2014.

[18] Microsoft Technet Library, *BitLocker Drive Encryption and Disk Sa-nitation*, http://technet.microsoft.com/library/cc512654.aspx, 10-06-2014.

[19] Altalex , *DPS: Cosa cambia con il Decreto Semplificazioni*, http:// www.altalex.com/index.php?idnot=17187, 05-07-2014.

[20] D.Lgs. 231/01 , *Responsabilitá amministrativa delle societá e degli enti*, http://www.altalex.com/index.php?idnot=3030, 05-07-2014.

www.ingramcontent.com/pod-product-compliance
Lightning Source LLC
Chambersburg PA
CBHW061016050326
40689CB00012B/2666